Arena Bibliothek des Wissens

Lebendige Biographien

Ein Verlag in der Westermann Gruppe

Die Originalausgabe erschien 2019 unter dem Titel
„Hawking e il mistero dei buchi neri“
Autor: Luca Novelli
Layout: Studio Link

www.editorialescienza.it
www.giunti.it

Unter der Schirmherrschaft der Stephen Hawking Foundation

6. Auflage 2025

Rottendorfer Straße 16, 97074 Würzburg
arena-service@westermanngruppe.de

Aus dem Italienischen von Anne Braun

Coverillustration: Joachim Knappe
Innenillustrationen: Luca Novelli
Fotos: Archivio Giunti

Gesamtherstellung: Westermann Druck Zwickau GmbH
Gedruckt in Deutschland

ISBN 978-3-401-60516-6

Besuche den Arena Verlag im Netz:
www.arena-verlag.de

STEPHEN HAWKING

und das Geheimnis der Schwarzen Löcher

LUCA NOVELLI

Aus dem Italienischen von Anne Braun

STEPHEN HAWKING

(1942–2018)

„Das Universum wäre nicht viel, wenn es nicht die Heimat der Menschen wäre, die du liebst.“

Stephen Hawking wird mit Galileo, Newton und Einstein verglichen, also mit drei der größten Genies der Geschichte. Vielleicht ist er inzwischen mit ihnen zusammen in einem der vielen parallelen Universen und schildert den illustren Kollegen seine Theorien über die Schwarzen Löcher. Stephen hat unsere Welt verlassen, nachdem er versucht hatte, eine Antwort auf die schwierigsten Fragen zu finden, die sich die Menschheit je gestellt hat: Wie hat der Kosmos angefangen? Wie groß ist er? Seit wann gibt es ihn? Was gab es zuvor? Wie wird er enden?

Stephen erzählt uns hier seine Geschichte, die anfangs ganz ähnlich verläuft wie die vieler anderer Jungen. Dann aber stellt man bei ihm eine unheilbare Krankheit fest, die zum Tod führen wird: ALS. Doch Stephen lässt sich nicht von ihr aufhalten. Er verfolgt seine Lebensziele beharrlich weiter.

DIESES BUCH HANDELT VON …

… mir,
Stephen Hawking.

Ich erzähle von meiner Kindheit in London und von meiner Jugend.

Dann erzähle ich von der Gefährtin meines Lebens, meinen Freunden und meiner Leidenschaft für Sterne.

Und von meinem Kampf gegen eine schreckliche Krankheit.

Ich erzähle von Oxford, Cambridge, dem *Caltech** und meinen Kollegen, die Jagd auf Teilchen und kosmische Merkwürdigkeiten machen.

Es geht auch um meine Entdeckungen zu Schwarzen Löchern ...

... und das große Geheimnis des Urknalls.

Zum Abschluss gibt es ein kleines Wörterbuch. Dort findest du die Erklärungen für die Wörter mit * und weitere Informationen über kosmische und nicht kosmische Begriffe.

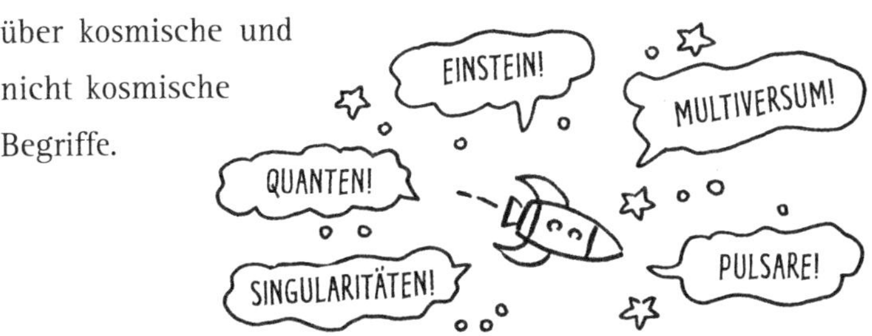

* Begriffe mit * werden im Wörterbuch ab S. 86 erklärt.

STEPHENS UNIVERSUM

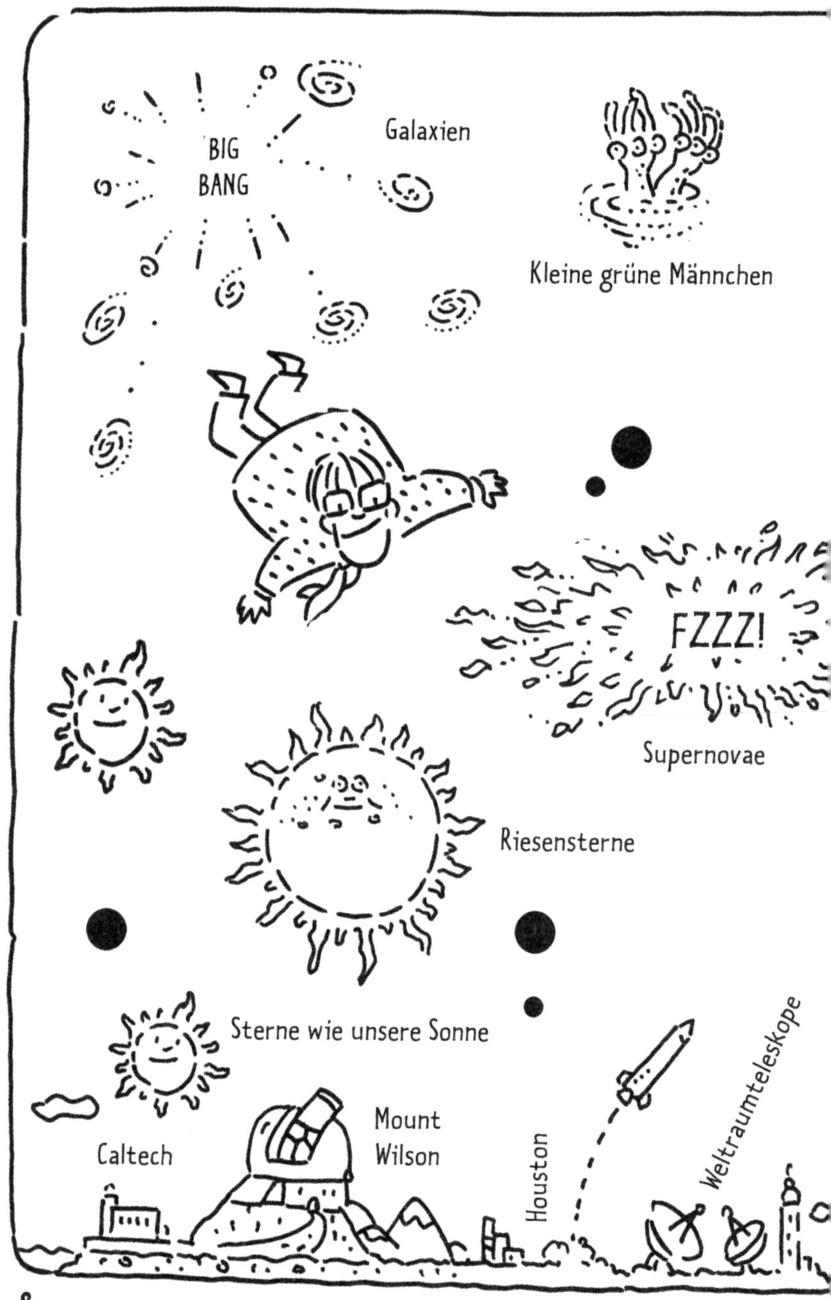

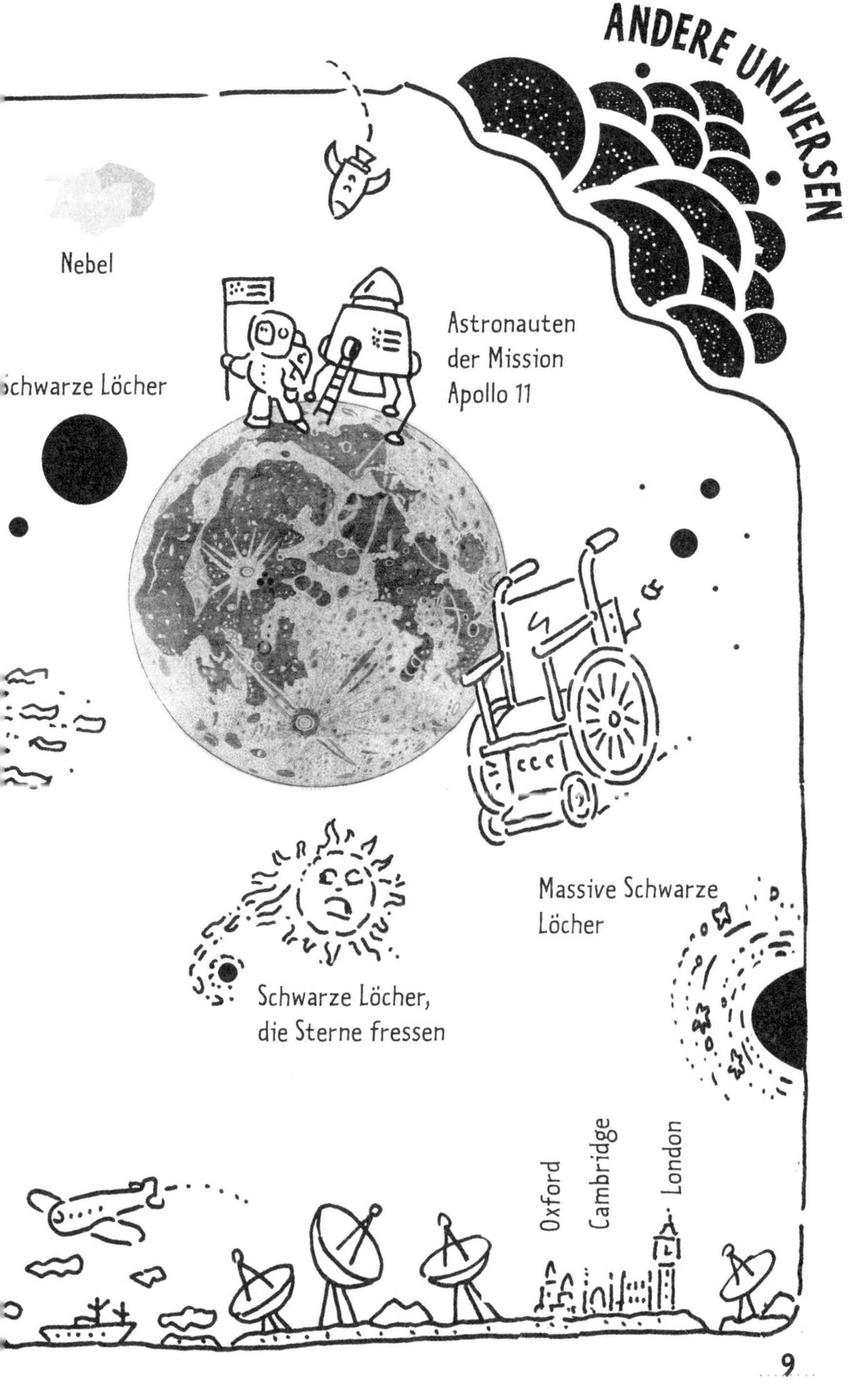
ANDERE UNIVERSEN
Nebel
Schwarze Löcher
Astronauten
der Mission
Apollo 11
Massive Schwarze
Löcher
Schwarze Löcher,
die Sterne fressen
Oxford
Cambridge
London

Galileo Galilei*, der Vater der modernen Astronomie*, starb am 8. Januar 1642 in seinem Haus in Arcetri in der Nähe von Florenz. Er war der Erste, der mit einem Fernrohr den Himmel studierte und bewies, dass Kopernikus* recht hatte: Die Erde dreht sich um die Sonne und nicht umgekehrt. „Alles dort oben", sagte er, „gehorcht mathematischen Gesetzen, die wir allesamt noch entdecken müssen."

Stephen Hawking wird haargenau 300 Jahre später geboren, mitten im Zweiten Weltkrieg, am 8. Januar 1942. Nur ein Zufall, wie er selbst gesagt hat. Dass unser Planet heute von einer denkenden Spezies bewohnt wird, die sich Fragen über das Universum stellt, verdanken wir ebenfalls einer Abfolge endlos vieler anderer außergewöhnlicher Zufälle ...

1. Ich, Stephen

Willkommen in London! Ich bin Stephen. Das London, in dem ich aufwachse, ist völlig anders als das London zu eurer Zeit. Es ist kurz nach Kriegsende und es fehlt an vielem. Das Viertel, in dem ich lebe, ist teilweise noch ziemlich zerbombt.

Die Straße, in der wir wohnen, wurde nicht bombardiert, doch meine Mutter zog es vor, mich in Oxford zur Welt zu bringen, wo keine Bomben fielen. Ganz in unserer Nähe wohnt mein bester Freund Howard.

Howard ist klasse. Er besucht eine staatliche Schule und im Gegensatz zu meinen Eltern, die etwas zu intellektuell sind, versteht er viel von Sport und verführt mich oft zu kleinen Abenteuern.

Mein Vater, Frank, ist Arzt und Wissenschaftler, spezialisiert auf Tropenkrankheiten. Er hat in Oxford studiert und war schon in Afrika, um dort Stechmücken und anderes schreckliches Ungeziefer zu jagen.

Auch meine Mutter, Isobel Eileen, hat in Oxford, der angesehensten englischen Universität, studiert.
Aber reich sind wir nicht und die Zeiten sind schwer. Papa spart, wo er kann, auch wenn es um Arbeiten am Haus und um meine Spielsachen geht.

Stellt euch vor: Mein größter Wunsch ist eine elektrische Eisenbahn. Und was bekomme ich? Eine gebrauchte aus Blech! Sie ist aufziehbar und Daddy hat sie selbst repariert.

Aber egal. Wann immer ich kann, bin ich mit meinem Freund Howard draußen und erkunde unser Stadtviertel.

Howard und ich spielen oft zwischen den Trümmern, die vom Krieg übrig sind. Unser Lieblingsort ist ein großes Loch, das durch eine V2* entstanden ist – eines der vielen Geschosse, die während des Kriegs auf London gefallen sind. Ich ahne natürlich noch nicht, dass ich mich eines Tages mit Löchern beschäftigen werde, die unendlich viel gewaltiger und faszinierender sind als das hier.

Man nannte sie „Dunkle Sterne".
Von ihnen gibt es vermutlich mehr als von den sichtbaren Sternen, und von denen gibt es allein in unserer Galaxis mehr als hundert Milliarden.
Es handelt sich um tote Sterne, die explodiert und dann in sich zusammengefallen sind. Ihre Gravitation* ist so gewaltig, dass sie alles anziehen, was in ihre Nähe kommt. Nicht mal das Licht entkommt ihnen. Deshalb sind sie auch unsichtbar.
Ihre Existenz im Kosmos ist bis zum Jahr 1971 reine Theorie. Noch spricht niemand von „Schwarzen Löchern". Ein amerikanischer Physiker, John Archibald Wheeler*, benutzte diesen Begriff 1967 als Erster, nachdem ihm ein Besucher nach einer Konferenz sagte, er habe es satt, dauernd von „Objekten" zu hören, „die gravitationsbedingt komplett kollabiert sind". Daraufhin hält der Begriff „Schwarze Löcher" Einzug in den allgemeinen Sprachgebrauch, in Romane und Science-Fiction-Filme.

2. Die Sterne sehen mich wachsen

Ich weiß nicht, wann ich zum ersten Mal von Schwarzen Löchern* gehört habe. Vielleicht war es in einem Bilderbuch, in dem geschildert wurde, dass Sterne sterben und sich in Dunkle Sterne verwandeln. Aber wenn man es sich recht überlegt – auch Alice* im Wunderland, die einem weißen Kaninchen folgt, fällt in ein Schwarzes Loch und gerät in eine fantastische Welt.

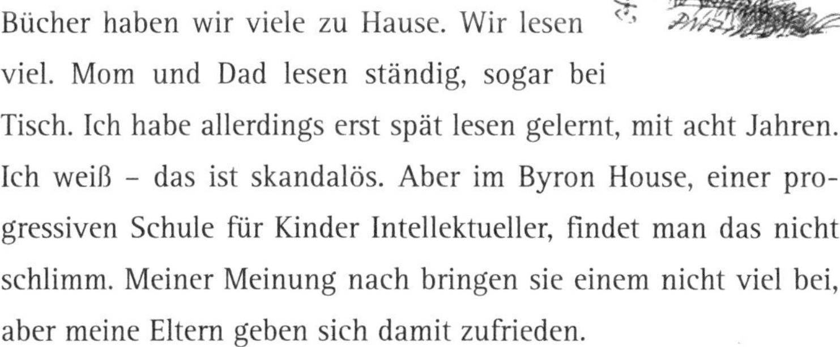

Bücher haben wir viele zu Hause. Wir lesen viel. Mom und Dad lesen ständig, sogar bei Tisch. Ich habe allerdings erst spät lesen gelernt, mit acht Jahren. Ich weiß – das ist skandalös. Aber im Byron House, einer progressiven Schule für Kinder Intellektueller, findet man das nicht schlimm. Meiner Meinung nach bringen sie einem nicht viel bei, aber meine Eltern geben sich damit zufrieden.

Meine Schwester Mary wird 18 Monate nach mir geboren. Sie fängt schon mit vier Jahren an zu lesen. Philippa, meine jüngste Schwester, übertrifft uns alle.

Mit neun Jahren habe ich mit die schlechtesten Noten der ganzen Klasse. Aber es muss schon einen Grund dafür geben, dass meine Klassenkameraden mich „Einstein“ nennen, oder?

Zwei von ihnen wetten sogar – einer für mich, der andere gegen mich –, dass ich nie eine wichtige Persönlichkeit werde.

Das Fernsehen gehört nicht in meine Kindertage, so wenig wie Computer und Videospiele. Keiner kann sich vorstellen, dass es sie irgendwann in jedem Haushalt geben wird. Ich verbringe meine Freizeit damit, alles, was man auseinandernehmen kann, auseinanderzubauen: Radios, Uhren, Spielsachen. Unter uns gesagt: Ich kann sie nur selten wieder zusammenbauen.

Dann endlich bekomme ich eine elektrische Eisenbahn! Ich habe sogar nachts davon geträumt und alles Geld, das ich zu Weihnachten oder zum Geburtstag geschenkt bekam, eisern dafür gespart. Aber verflixt noch mal – das Ding funktioniert nicht!

Ich habe zwei neue Freunde: John und Roger, die auch in meine Klasse gehen. Mit John bastle ich Modelle von Schiffen und Flugzeugen. Im Gegensatz zu mir ist er handwerklich sehr geschickt. Das liegt bei ihm in der Familie. Sein Vater hat eine Werkstatt und wir dürfen seine Werkzeuge benutzen.

Mit Roger dagegen mache ich gern Brettspiele. Ich denke mir sogar neue aus: Spiele über Kriege, Wirtschaft und Geschichte. Mit diesen Spielen erwacht in mir der Wunsch zu verstehen, wie die Welt und das ganze Universum* funktionieren.

Im fernen 1666, während in London die Pest wütet, fällt neben dem jungen Isaac Newton* der berühmteste Apfel der Weltgeschichte zu Boden. Isaac betrachtet diesen Apfel und dann den Mond.

In diesem Moment – so erzählt es die Legende – kommt Isaac Newton die Idee, dass es ein universelles Gravitationsgesetz geben muss: Alle Körper, Planeten, Satelliten und Äpfel ziehen sich an. Je größer sie sind, desto größer ist auch die Anziehungskraft. Je weiter sie voneinander entfernt sind, desto schwächer ist diese.

Newton entwickelt auch die mathematische Formel für dieses Gesetz, welches darlegt, was zwischen Sternen, Planeten und auch unserer Erde geschieht.

Newtons Gravitationsgesetz ist im ganzen Universum gültig, auch in der entferntesten Galaxie*, nicht aber im extrem Kleinen, den Elementarteilchen*, und in einigen äußerst „singulären" Situationen, wie zum Beispiel bei der Entstehung des Universums.

3. Wie entstand ... der Himmel?

Auf dem Land kann man die Sterne besser sehen.

Wir wohnen jetzt in St. Albans, einem Städtchen nördlich von London, in einem großen viktorianischen Haus. Es ist zwar hübsch und renoviert, aber es gibt immer noch viel zu tun. Mein Vater will wie immer alles selbst machen, doch die Ergebnisse sind nicht gerade umwerfend.

Er weigert sich, eine Zentralheizung einbauen zu lassen, und läuft lieber mit Schal, Pulli und einem Morgenmantel darüber herum. Irgendwie rührend, nicht wahr?

Endlich legt Dad sich ein Automobil zu, doch sparsam, wie er ist, hat er ein altes Londoner Taxi gekauft!

Die Sommerferien verbringen wir in einem Karren, den Dad fahrendem Volk abgekauft hat. Er steht auf einem Campingplatz an der Südküste, in Weymouth.
Dad hat ihn mit Feldbetten und einer kleinen Küche ausgestattet und mit einem Zelt erweitert – alles recht billige Restbestände aus dem Krieg. Es sind wunderschöne Ferien, auch wenn meine Schulkameraden die Augen aufreißen, als ich ihnen davon erzähle.

Ach übrigens, in St. Albans musste ich die Schule wechseln. Zuerst war ich nämlich in einer Mädchenschule. Nicht lachen, Jungs! Die nehmen auch Jungen bis zehn Jahren auf und mit Mädchen bin ich immer gut ausgekommen.

Dann hatte ich eine „Schulpause", in Spanien, auf der Insel Mallorca. Mein Vater war wieder mal auf einer Afrika-Mission und meine Mutter ist für diese Zeit zu einer Freundin nach Mallorca gezogen.

In Mallorca hat Mom einen Hauslehrer für mich eingestellt. Aber er bringt mir nicht viel bei. Er gibt mir pro Tag ein Kapitel aus der Bibel zu lesen und verschwindet wieder. Aber bald ist es mit dem schönen Leben vorbei.

Wir kehren nach St. Albans zurück und ich komme in die Mittelstufe. Wegen seiner Vorgesetzten und Kollegen möchte Dad mich in einer Privatschule anmelden, wo auch deren Sprösslinge hingehen. „Es ist für die sozialen Kontakte wichtig, eine Eliteschule zu besuchen“, meint er. Doch weil ich am Tag der Aufnahmeprüfung krank bin, besuche ich weiterhin das öffentliche Gymnasium in St. Albans, auch während der Oberstufe. Nicht dass es mir etwas ausmachen würde ...

Ich habe eine Handvoll Freunde, mit denen ich über alles reden kann: Religion, funkgesteuerte Autos, Science-Fiction, Parapsychologie und natürlich Mädchen. Auch der Ursprung des Universums beschäftigt uns. Da sind große Fragen: Wie fing alles an? Hat es wirklich einen Gott gebraucht? Diese Frage interessiert uns sehr. Vielleicht weil in Zeitungen und im Radio immer öfter vom Big Bang* die Rede ist, dem Urknall, bei dem die Atome* entstanden sind und alles, was es gibt.

BIG BANG

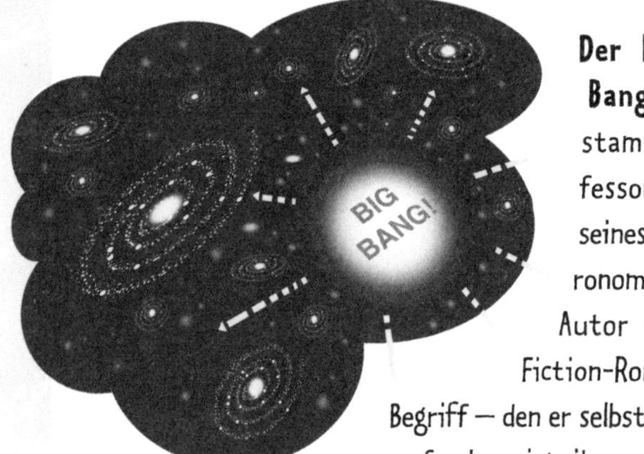

Der Begriff „Big Bang“ (Urknall) stammt von Professor Fred Hoyle, seines Zeichens Astronom, Physiker und Autor von Science-Fiction-Romanen. Dieser Begriff – den er selbst als abwertend empfand – ist ihm während einer Radiosendung entschlüpft. Damit fand der Begriff „Big Bang“ im Jahr 1949 Eingang in die Geschichte unserer Spezies, auch wenn es sich um ein Ereignis handelt, das grandiose 13,7 Milliarden Jahre zurückliegt.

Die Vorstellung, dass das Universum mit einem Punkt begann, in dem ALLES konzentriert war, ist allerdings schon ein paar Jahre älter. Sie geht auf das Jahr 1931 zurück, auf den belgischen Physiker und Geistlichen Georges Lemaître. Er war verblüfft, wie sehr der Big Bang dem göttlichen Schöpfungsakt ähnelt, wie ihn die Bibel beschreibt.

Noch etwas früher hat der russische Physiker Alexander Friedmann mit Einsteins Formeln bewiesen, dass sich das Universum ausdehnt, doch damit fand er anfangs kein Gehör. Nicht mal Albert Einstein* hielt es für möglich. Und doch ...

4. Aus Fehlern lernt man

In St. Albans haben meine Eltern nicht viele Bekannte. Ich dagegen habe viele Freunde aus meiner Klasse und zudem noch Sarah, eine Cousine, die acht Kilometer weit weg wohnt. Mit meinem Rad fahre ich oft zu ihr.

Mit 15 baue ich mir ganz allein ein Grammofon mit 33 Umdrehungen. Ein neues wäre 1957 viel zu teuer gewesen. Deshalb habe ich die verschiedenen Zubehörteile und das Gehäuse eines älteren Modells gekauft. Das Tollste daran ist, dass es ... funktioniert! Dad ist stolz auf mich. Besonders weil wir wieder mal gespart haben. Dann kaufe ich mir meine erste Schallplatte: *Brahms Violinkonzert*. Ein Freund hat es mir empfohlen. Ich war ziemlich überrascht, als ich es das erste Mal gehört habe.

Aber dann hat es mir doch gefallen. Auch später werde ich mir dieses Stück immer wieder gern anhören und es wird einer der Soundtracks meines Lebens werden.

In der Schule haben wir einen tollen Mathelehrer, Mister Tahta. Er weckt in mir die Liebe zur Mathematik*. Aber er liegt nicht jedem.

Doch mein Interesse für die Naturwissenschaften verdanke ich vor allem meinem Vater. Ich besuche ihn oft im Nationalen Institut für medizinische Studien von Mill Hill. Ich darf in sein Labor, in dem er Fliegen züchtet, die Malaria und andere Tropenkrankheiten übertragen. Ganz toll finde ich es auch, wenn ich durch seine Mikroskope schauen darf. Aber etwas nervös bin ich schon, weil man ja nie weiß, ob nicht doch eine Stechmücke frei herumschwirrt.

Mein Vater möchte, dass ich Arzt oder Biologe werde. Doch mich fasziniert die Physik*. Nicht das Zeug, das sie in der Schule unterrichten und das ich banal und langweilig finde, sondern die Physik, die sich mit dem Weltall und mit den Atomen beschäftigt. Ich ahne, dass nur die Physik uns helfen kann, Antworten auf die großen Fragen über den Ursprung des Universums zu finden. Im Bereich der Physik werden neuerdings absolut sensationelle Entdeckungen gemacht.

Ich habe gelesen, dass sich das Lichtspektrum, das von fernen Galaxien kommt, in den Rotbereich verschiebt. Das beruht auf einem Phänomen namens Doppler-Effekt*. Bei Tönen ist es leicht nachvollziehbar: Ein Zug oder die Sirene eines Polizeiautos haben eine hohe Tonlage, wenn sie sich nähern, und eine tiefe Tonlage, wenn sie sich entfernen.

Mit Licht verhält es sich genau gleich: Die Frequenz* des Lichts, das von fernen Galaxien kommt, scheint abzunehmen, man kann also eine Verschiebung zu Rot hin beobachten. Und das bedeutet: Die Galaxien entfernen sich von uns! Würden sie sich annähern, würde eine Blauverschiebung auftreten. Ich dagegen mache mir eine eigene Vorstellung: Das Licht ist rot, weil es von so weit hergekommen und müde ist. Das ist natürlich Unsinn. Aber was kosmische Irrtümer betrifft, so befinde ich mich in bester Gesellschaft.

Die Verschiebung des Lichts, das von fernen Galaxien zu uns kommt (red-shift) wurde von dem Astronomen Edwin Hubble* entdeckt, dem Gründer und Direktor des Mount-Wilson-Observatoriums in der Nähe von Pasadena in Kalifornien.
Mit seinen Beobachtungen konnte er beweisen, dass sich die Galaxien voneinander entfernen. Zusammen mit seinem Kollegen Milton Humason hat er 1929 die Formel ausgearbeitet, mit der man berechnen kann, in welcher Entfernung sich die Galaxien befinden. Seine Entdeckung gilt als Beweis für die Gültigkeit der Theorie des Big Bang.
Als Einstein von Hubbles Entdeckung erfuhr, musste er seine Gleichungen* korrigieren. Er war davon ausgegangen, dass das Universum statisch und unbeweglich ist, und um das zu untermauern, hatte er eine „Konstante“ einfügen müssen.

5. Mein Leben in Oxford

Dad legte großen Wert darauf, für ihn war es eine Frage der Ehre: Ich besuche jetzt das University College in Oxford. Das heißt: Ich studiere an der angesehensten Universität des Vereinigten Königreichs.

Diese Uni hat respektable Staatsoberhäupter, Wissenschaftler und Industriemagnaten hervorgebracht. Und ich habe dort mit nur 17 Jahren ein Stipendium bekommen! Ich war echt baff, denn ich war der jüngste Bewerber und die meisten meiner Kommilitonen hatten schon ihren Wehrdienst abgeleistet.

Dass hier so wenig studiert wird, gefällt meinem Dad allerdings nicht. Aber man muss eben halbwegs genial sein, um so wenig zu studieren. Die Streber unter meinen Kommilitonen bezeichnen wir anderen abschätzig als „Graue“. Ich habe mich bestens eingelebt und studiere maximal eine Stunde am Tag. Das macht zwar Spaß, aber ich riskiere, bei den Prüfungen schlecht abzuschneiden.

Im ersten Jahr habe ich mich noch allein gefühlt. Aber jetzt gehöre ich zu einer tollen Clique. Hier meine Kumpel vom Boat Club. Es stört mich kein bisschen, im Mittelpunkt zu stehen.

Ich bin in einem Ruderclub – Rudern ist die traditionellste Sportart unserer Universität. Alle sagen, ich sei der ideale Steuermann, weil ich eine laute Stimme habe und wenig wiege.

Unser erster Wettkampf ist eine Katastrophe und wir werden disqualifiziert. Die anderen sind mir jedoch nicht böse und ich merke, dass ich neue Freunde gefunden habe.

Manche von ihnen sind überzeugte Pazifisten. Ich teile ihre Ideen. Wir befinden uns mitten im Kalten Krieg*.

Die Großmächte haben so viele Atombomben gebaut, dass man unseren Planeten damit vier oder fünf Mal zerstören könnte. Ich gehe mit zu Demos und nehme an verschiedenen studentischen Aktionen teil.

Als wir eines Nachts unter einer Brücke ein Spruchband aufhängen wollen, kommt die Polizei an. Einige meiner Kommilitonen werden verhaftet. Ich verstecke mich für den Rest der Nacht unter der Brücke.

Während Stephens Studienzeit befinden wir uns mitten im „Kalten Krieg". Die Welt ist in zwei große Blöcke geteilt: die westlichen Länder, angeführt von den USA, und die Länder im Osten unter der Führung der Sowjetunion.

Die beiden Großmächte bedrohen sich gegenseitig mit ihrem Arsenal an Atomwaffen. Immer schlagkräftigere Bomben werden gebaut, die mit erschreckenden Tests geprüft werden – in der Luft, in Wüsten und in der Tiefsee. Wissenschaftler und Studierende werden nicht müde, auf die Gefahren eines drohenden Kriegs hinzuweisen.

1963 wird ein Vertrag unterzeichnet, der den Unterzeichnerstaaten untersagt, weitere solcher Tests durchzuführen. Doch das verringert die Gefahr einer atomaren Auseinandersetzung nur wenig.

6. Ich mache meinen Hochschulabschluss!

Es waren vier schöne Jahre in Oxford. Sie vergingen wie im Fluge! Ich war nicht sehr fleißig, habe aber trotzdem sämtliche Prüfungen mit Bravour bestanden. 1962 habe ich einen Abschluss in Naturwissenschaften in der Tasche, und das mit Bestnoten. In gewisser Weise habe ich meine Professoren erpresst: Mit weniger guten Noten müsse ich in Oxford bleiben, mit der höchsten Punktzahl könne ich mein Studium und meine Karriere in Cambridge fortsetzen, ließ ich durchblicken. So sind sie mich losgeworden!

In Oxford gefällt es mir zwar auch, aber dort gibt es keine Möglichkeit, mich mit Elementarteilchen oder mit Kosmologie* zu beschäftigen, genau die beiden Forschungsgebiete, die mich am meisten interessieren. Deshalb habe ich mich um ein Stipendium an der Universität von Cambridge beworben, wo Fred Hoyle unterrichtet – der Mann, der den Begriff „Big Bang" geprägt hat. Obschon er selbst kein bisschen daran glaubt.

In Oxford hatte ich nur ein einziges Ziel: Möglichst schnell meinen Hochschulabschluss zu

machen, um dann in Cambridge weiterzustudieren, an der Uni von Newton und Charles Darwin!

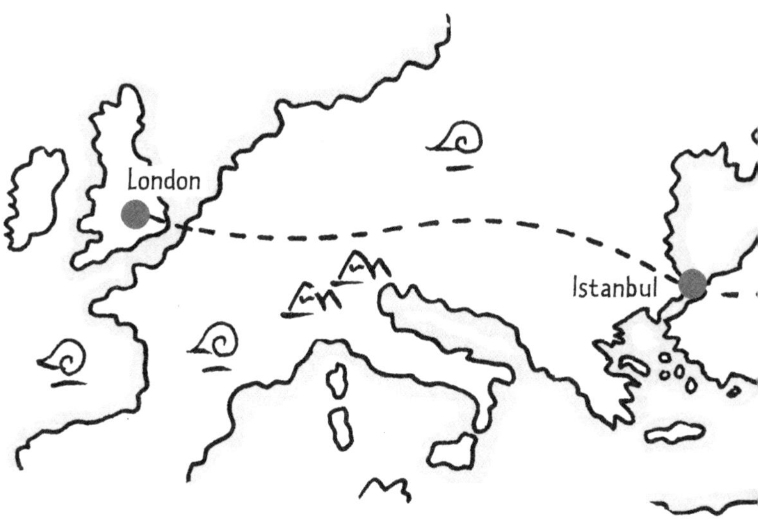

Nach dem vierjährigen Studium genehmige ich mir eine schöne Reise. Es gäbe so viele Ziele, aber ich entscheide mich für das entfernteste: Persien – der heutige Iran!

Unser College fördert solche Pläne und steuert einen kleinen Betrag bei. Mein Freund John begleitet mich bei diesem Abenteuer.

Wir reisen mit dem Zug nach Istanbul, dann weiter zum Berg Ararat und schließlich mit einem Autobus voller Hühner nach Teheran. Von dort aus geht es weiter zum mystischen Persepolis, der Stadt, die Alexander der Große vor 2.350 Jahren zerstört hat! Auf dem Rückweg erleben wir ein Erdbeben mit, das eine ganze Stadt dem Erdboden gleichmacht und bei dem 12.000 Menschen ums Leben kommen. Ich komme zum Glück ungeschoren davon. Dafür habe ich andere Probleme.

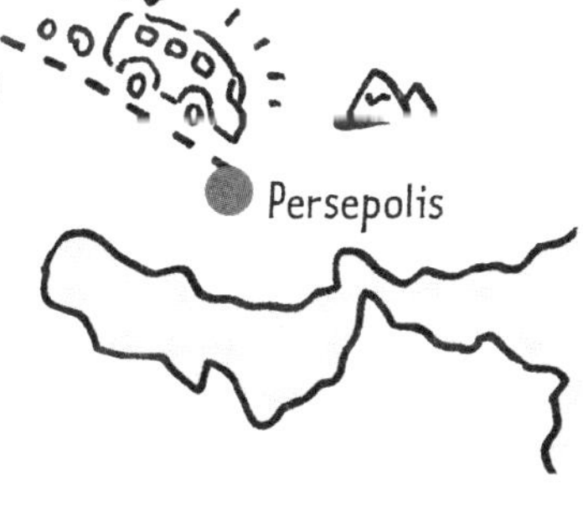

ALLES OKAY, STEPHEN?

Bei einem Sturz breche ich mir eine Rippe. Ehrlich gesagt, stolpere ich immer häufiger und falle hin. Auch meine Hände werden immer unbeweglicher und steifer. Komisch ...

Über Stephens Zukunft hängt ein Damoklesschwert. Er leidet an einer seltenen und unheilbaren Krankheit. Sie wird als ALS bezeichnet, die Anfangsbuchstaben von Amyotrophe Lateralsklerose – eine chronisch-degenerative Muskel- und Nervenkrankheit. Sie befällt einen Teil des Gehirns und das Nervensystem (die Motoneuronen), die direkt oder indirekt die Muskeln und die Bewegungsfähigkeit kontrollieren.

ALS kennt keine Gnade, sie befällt junge und alte Menschen, Männer und Frauen, Baseballspieler und auch Leseratten. Diese Erkrankung führt zu einer totalen Lähmung und in den meisten Fällen recht schnell zum Tode.

Stephens Schicksal scheint besiegelt, doch dem ist nicht so.

7. Jane tritt in mein Leben

An der Universität von Cambridge erwartet mich eine glänzende Karriere als Forscher und Wissenschaftler. Ich bin richtig happy.

TUT UNS LEID, STEPHEN …
ABER DA IST NICHTS ZU MACHEN!

Während der Weihnachtsferien sieht mich meine Mutter ständig stolpern und schickt mich zu einem Spezialisten. Dann zu einem weiteren und noch einem. Die Diagnose ist so schrecklich wie unerwartet. Ich habe eine Form von ALS. Die Ärzte geben mir noch maximal zweieinhalb Jahre! Meine Welt bricht zusammen. Beziehungsweise *ich* breche zusammen. Ich betrachte die Sterne und denke an die kurze Zeit, die mir noch bleibt.

Zuerst bin ich am Boden zerstört, aber dann beschließe ich, nicht aufzugeben. Ich werde die Zeit, die mir bleibt, egal wie kurz, bestmöglich nutzen. Aber nicht nur, um zu studieren, sondern auch in Sachen Beziehung. Im letzten Punkt ist mir das Glück hold. Auf einer Uni-Fete treffe ich Jane.

Sie lacht über meine Scherze. Sie ist lieb, sympathisch und ein paar Jahre jünger als ich. Sie studiert Literatur und wir merken, dass wir viel gemeinsam haben. Jane stammt aus St. Albans, wo ich auch lange gelebt habe. Sie kennt meine Eltern und war auf denselben Schulen wie meine beiden Schwestern.

Hat sie Fehler? Nun, sie kann weder Schach noch Krocket spielen, aber damit kann ich leben.

Ich bin superglücklich mit Jane! Wir gehen zusammen aus, essen gemeinsam, reden über die Unendlichkeit und betrachten miteinander die Sterne.

Wir gehen auch gerne gemeinsam ins Theater, obwohl sie Ballettaufführungen mag, ich weniger. Kurz und gut: Wir sind verliebt.

Wir ahnen natürlich nicht, dass es eines Tages einen Film über uns geben wird – einen Film, der auf einem Roman von Jane beruht. Ein Film, dessen Hauptdarsteller sogar einen Oscar gewinnt! Eines Tages wird Jane sagen, dass die Physik ihre größte Rivalin war.

Ich dagegen werde eines Tages sagen, dass das größte Geheimnis im Universum für mich im Grunde nicht die Schwarzen Löcher sind, sondern was in den Köpfen von Frauen vorgeht.

Stephen hat sich für die Universität von Cambridge entschieden und wechselt 1962 dorthin, weil er hier über das Thema forschen kann, das ihn am meisten fasziniert: die Entstehung und die Entwicklung des Universums.
Das schafft er mithilfe der Mathematik, ausgehend von Albert Einsteins Formeln. Stephens neue Formeln führen zu einem neuen Verständnis von Weltall, Zeit* und vom gesamten Kosmos, der nicht mehr als statisch, sondern in einer ständigen Ausdehnung begriffen verstanden wird.
Nicht alle Wissenschaftler teilen zu dieser Zeit diese Ansicht.

8. Kosmologe in Cambridge

Das Gehen fällt mir immer schwerer und ich brauche inzwischen einen Gehstock. Aber ich bin in Cambridge! Es ist faszinierend, auf einem Campus zu sein, an dem schon Newton gelehrt und Darwin studiert haben. Hier kann ich dank meines Stipendiums meine Doktorarbeit schreiben, der höchste Abschluss, den man an einer Uni bekommen kann. Ich hatte gehofft, dass ich bei Professor Fred Hoyle promovieren* kann, doch ich lande bei seinem Kollegen Dennis Sciama. Das ist schade, aber vielleicht besser so, denn Hoyle ist ständig unterwegs, bei Vorträgen, Tagungen oder Fernsehauftritten.

Professor Sciama hat interessante Ideen. Er behauptet zum Beispiel, dass alle Körper ihre Trägheit* dem Rest der Materie des Universums verdanken. „Selbst wenn wir auf dem Sofa sitzen und Chips futtern", sagt er, „werden wir von weit entfernten Sternen beeinflusst." Aber in Cambridge sind zurzeit die Elementarteilchen in Mode und niemand will sich mit dem Big Bang, dem Urknall, beschäftigen.

Mathematikunterricht gehört mit zu meinen Aufgaben. Davon habe ich in Oxford nur wenig mitbekommen, aber als ich den Unterricht für meine Studenten vorbereite, lerne ich schnell dazu. Je mehr ich mich mit Mathematik befasse, desto stärker fasziniert sie mich.

Mit einem Essay über die Gravitationskraft gewinne ich einen Preis von 100 Pfund Sterling. Und zusammen mit Janes Ersparnissen können wir uns unser erstes Auto kaufen: einen roten Mini! Jane sitzt lieber selbst am Steuer und behauptet, ich würde fahren wie ein Verrückter!

Es ist eine Art Hochzeitsgeschenk für uns selbst. Denn richtig – Jane und ich heiraten. Was mich betrifft – ich würde mir die stressige Zeremonie gern ersparen. Zum Zeitpunkt unserer Hochzeit scheine ich derjenige zu sein, der sich am wenigsten Sorgen um meine Zukunft macht.

Wenig später, 1965, fliegen Jane und ich nach Amerika. Es ist keine richtige Hochzeitsreise, denn ich werde einen Sommerkurs an der Cornell University in Ithaca im Staat New York belegen. Diese Uni feiert ihr 100-jähriges Bestehen.

Hier scheinen Physiker aus der ganzen Welt zusammengekommen zu sein, mit ihren Ehefrauen und lärmenden Kindern im Schlepptau. Jane ist nicht gerade begeistert von dem Aufenthalt, aber ich lerne wirklich interessante Kollegen kennen, darunter Roger Penrose. Er ist Mathematiker, der sich mit Singularitäten* beschäftigt. Das sind Orte im Universum, an denen die Gesetze unserer Physik nicht gelten. Schwarze Löcher, sagt er, seien Singularitäten. Ich glaube, wir werden Freunde werden.

Als Stephen den Mathematiker Roger Penrose kennenlernt, sind die Schwarzen Löcher noch reine Hypothese und Mathematik ist die einzige Möglichkeit, um diese mysteriösen kosmischen Objekte zu erforschen.
Für Professor Penrose ist ein Schwarzes Loch eine Singularität. Das bedeutet: ein Ort, an dem die Gravitation so stark ist, dass dort die Gesetze der Physik außer Kraft gesetzt sind.

In einer Singularität steht die Zeit still. Der Uhrzeiger wird hier nie Mitternacht anzeigen. Im Inneren eines Schwarzen Lochs ist die Materie unvorstellbar dicht und selbst die Atome sind keine Atome mehr, wie wir sie kennen. Mehr noch: Es gibt sie gar nicht mehr.

9. Von Schwarzen Löchern zum Big Bang

Inzwischen fällt es den Verfechtern eines statischen Universums immer schwerer, ihre Position zu verteidigen. Selbst ihre Radioteleskope* bestätigen, dass sich das Universum ausdehnt.

Signale von Sternen außerhalb unserer Galaxis deuten darauf hin, dass sämtliche Galaxien anfangs in einem Punkt extremster Dichte* konzentriert waren, nämlich in einer „Singularität" – wie mein Freund Penrose sie nennt. Also benutze ich seine Formeln, kremple sie wie eine Socke um und kann beweisen, dass das Universum aus einer Singularität entstanden ist! Dieser Nachweis steht im Mittelpunkt meiner Doktorarbeit.

1966 erhalten Penrose und ich gemeinsam den Adams-Preis für unsere Arbeiten über die Singularitäten des Universums. Es ist ein Preis zur Erinnerung an die Entdeckung des Planeten Neptun im Jahr 1848, die ebenfalls nur dank mathematischer Berechnungen möglich war.

Mein Doktorvater Dennis Sciama ist sehr zufrieden. Wir fliegen zusammen zu einer großen Tagung in Miami, Florida. Mein Vortrag stößt auf großes Interesse und wird in Zeitungen und im Fernsehen besprochen. Leider falle ich genau an diesem Abend übel hin. Dieser Vorfall reißt mich aus meinem Höhenflug. Meine Erkrankung kennt keine Gnade. Sie wird schlimmer. In Zukunft werde ich auf den Rollstuhl angewiesen sein.

In Cambridge wohnen Jane und ich jetzt in der Little St. Mary's Lane Nummer 11. Es ist eine kleine Gasse, versteckt hinter neuen Gebäuden, die an einen verlassenen Friedhof grenzt. Jane arbeitet an ihrer Doktorarbeit und tippt auch meine Arbeiten mit der Schreibmaschine. Sie kümmert sich um den Haushalt und hat sogar einige unserer Wände geweißelt. Was würde ich nur ohne sie machen? Wegen meines eher mageren Gehalts als Forscher müssen wir ganz schön sparen. Anfangs können wir uns nicht einmal eine Waschmaschine leisten.

Wenn es nach meinen Ärzten ginge, müsste ich längst tot sein. Bin ich aber nicht! Im Gegenteil: Zwei Jahre nach unserer Heirat wird unser erster Sohn geboren: Robert. Kurz nach der Geburt nehmen wir ihn mit nach Seattle in den USA, wo ich zum x-ten Mal zu einer Fachtagung eingeladen wurde. Ich werde allmählich berühmt.

Während Stephen seine Formeln über den Big Bang, den Urknall, ausfeilt, wundern sich 1965 zwei junge Forscher in den Bell Laboratories (New Jersey, USA), Arno Penzias und Robert Wilson, über eine merkwürdige Störung beim Empfang ihrer großen Funkantenne. Anfangs denken sie, die Störung könne von einigen Vögeln ausgelöst werden, die in ihrer Anlage ein Nest gebaut haben.

In Wirklichkeit handelt es sich um die Reststrahlung der großen Explosion von damals, als das Universum entstanden ist. Diese Störung ist also nichts anderes als das Echo des Big Bang. Man kann sie auch mit einem ganz normalen Fernsehgerät empfangen (und sehen), wenn dieses nicht richtig eingestellt ist. Für diese Entdeckung erhielten Arno Penzias und Robert Wilson 1978 den Nobelpreis.

10. Signale aus dem Weltall

Viele Antennen erforschen den Kosmos. In Princeton in den USA habe ich Professor Joseph Webers Resonanzdetektor besichtigt. Joseph Weber ist Astrophysiker*. Einige meiner Kollegen halten ihn für verrückt. Ich nicht.

Joseph Weber behauptet, er habe Gravitationswellen* aufgespürt. Albert Einstein hatte mit ihnen gerechnet, aber bis dato hatte niemand ihre Existenz bewiesen. Weber sagt, er habe mit seinen äußerst speziellen Aluminium-Metallzylindern jede Menge davon aufgespürt. Und er empfange sie Tag für Tag.

Falls das stimmt, würde es im Weltraum von zusammenprallenden Schwarzen Löchern nur so wimmeln.

Mit der festen Absicht, Professor Webers Beobachtungen zu überprüfen, kehre ich nach England zurück. Mein Student Gary Gibbons und ich entwerfen eine Anlage, wie Weber sie hat. Sogar auf Flohmärkten suchen wir wie wild nach elektronischem Material. Doch aus unserem Plan wird nichts. Die Finanzierung eines anderen Projekts hat Vorrang. Schade, aber mit meiner zunehmenden Behinderung wäre ich als Feldforscher ohnehin eine Katastrophe.

Mit meinen Gleichungen komme ich besser klar, denn dafür brauche ich nur den Kopf und nicht die Hände. So kommt es, dass andere noch viele Jahre nach diesen mysteriösen Gravitationswellen suchen werden.

Erst 50 Jahre später, am 11. September 2015, werden zwei riesige Antennen, der LIGO- und der VIRGO-Detektor, Gravitationswellen empfangen, die vom Zusammenstoß zweier Schwarzer Löcher herrühren. Professor Weber war also alles andere als verrückt.

Meine Krankheit schreitet fort und Jane muss mir inzwischen beim Anziehen und Ausziehen helfen. Die Muskeln in meinem Gesicht schmerzen und deformieren mein Aussehen. Essen und Sprechen fallen mir schwer. Und doch wurde vor wenigen Tagen unsere Tochter Lucy geboren.
Ich sollte dem Baby, dem kleinen Robert und meiner Frau Jane mehr Zeit widmen, aber auch wenn ich nicht an der Uni bin, denke ich ständig an meine Forschungen. Mein Kopf arbeitet ohne Unterlass, auch wenn ich zu Bett gehe. Und hier habe ich einen der wichtigsten Geistesblitze meines Lebens.

Während der 1960er-Jahre beschert uns das Universum so manche Überraschung. Der britische Astronom Antony Hewish und eine seiner Studentinnen, Jocelyn Bell, empfangen 1967 ein mysteriöses Funksignal aus dem Weltall. Es kommt so regelmäßig, dass man annehmen könnte, dass es von einer intelligenten außerirdischen Lebensform stammt.

In der allgemeinen Euphorie wird das Objekt, welches das Signal sendet, „LGM" (Little Green Men, kleine grüne Männchen) getauft. In Wirklichkeit handelt es sich um kleine Neutronensterne (Pulsare*), die sich mit einer irrsinnigen Geschwindigkeit drehen und dabei eine stoßweise Strahlung aussenden. Viele sind enttäuscht, doch die Astronomen werden die Neutronensterne für lange Zeit weiterhin kleine grüne Männchen nennen. Ihre Entdeckung ist absolut faszinierend, genau wie die Schlussfolgerungen in Stephens neuer Forschung.

11. Die Schwarzen Löcher ... verdampfen!

Februar 1974. Ich bin wie elektrisiert, genau wie meine Studenten, meine Frau Jane und alle, denen ich die Schlussfolgerungen meiner Forschung bereits verraten habe: Die Schwarzen Löcher sind in Wirklichkeit gar nicht schwarz!
Es gibt etwas, das ihrer übermächtigen Gravitationskraft entkommt. Sie sind megaheiß, senden eine thermische Strahlung aus, verlieren dadurch Masse* und Energie und ... verdampfen irgendwann!
Nach Milliarden und Milliarden von Jahren bleibt nichts von der Sternenmaterie übrig, nur eine Strahlung, eine schwache Form von Energie, die erst noch entdeckt werden muss.

Als ich meine Arbeit den Kollegen an der Uni Oxford präsentiere, ist es nicht gerade ein Erfolg. Ich kann schlecht sprechen, eigentlich nur flüstern, doch die Sätze und Formeln, die ich auf die Leinwand projiziere, sprechen für sich: Manche Sterne werden zu Schwarzen Löchern, die irgendwann verdampfen und sich dabei in eine schwache Form von Energie auflösen. Niemand hatte mit so einer Schlussfolgerung gerechnet.

Professor Taylor, der Vorsitzende der Konferenz, ist empört. Er wird mich in jeder Hinsicht behindern und schreckliche Dinge über mich sagen. „Ketzerei" hätte man zu Zeiten Galileos gesagt, dem es vor 300 Jahren ziemlich übel erging. Im Vergleich zu ihm habe ich es noch gut. Ich weiß, was ich mache: Ich schreibe die Geschichte des Universums neu.

Meine Arbeit bleibt nicht ohne Beachtung. Sie öffnet mir den Weg, zu einem Mitglied der Royal Society gewählt zu werden.
Es ist die älteste akademische Gelehrtengesellschaft der Welt und zweifellos die angesehenste in Großbritannien.

Ich bin erst 32 und dies ist nicht die einzige gute Nachricht.

Die Einladung, die mir am meisten schmeichelt, kommt vom Caltech, dem California Institute of Technology in Pasadena, USA. Ich werde Seite an Seite mit den größten Physikern und Astrophysikern Amerikas forschen und arbeiten. Ich werde ein anständiges Gehalt bekommen, ein großes Haus für mich und meine Familie, ein Auto und einen supermodernen Rollstuhl!

In den 1960er-Jahren wird in den USA sehr intensiv Weltraumforschung betrieben und man erzielt erstaunliche Fortschritte. 1969 schicken die Amerikaner die ersten Menschen auf den Mond und schlagen damit die Sowjetunion beim Wettlauf ins Weltall. Immer mehr Satelliten und Raumstationen umkreisen unseren Planeten. Sie sammeln Informationen über das Universum, die von der Erde aus nicht feststellbar sind, weil hier die Signale durch die Atmosphäre gestört werden.

Unter den vielen empfangenen Signalen stellen einige der umkreisenden Flugkörper eine merkwürdige Anomalie im Sternbild Schwan (Cygnus) fest.

12. Sternenfresser

In Pasadena geht es uns gut, ständig scheint die Sonne, es ist schön warm und die Kinder haben einen Pool.

Einer meiner Studenten wohnt jetzt bei uns und hilft mir, mich fortzubewegen. So hat Jane mehr Freizeit, kann wieder an ihrer Doktorarbeit weiterschreiben und ein bisschen mehr von Kalifornien sehen.

Hier fühle ich mich weitgehend autonom. Es gibt behindertengerechte Gehwege, Treppen und Lehrsäle. Und der Rollstuhl, den mir das Caltech zur Verfügung gestellt hat, hat einen Motor und ist echt schnell und wendig! Damit kann ich sogar kleine akrobatische Kunststückchen machen. Ich kann hinfahren, wohin ich will, und wenn mir jemand unsympathisch ist, dann fahre ich ihm einfach über die Füße.

Der Rollstuhl ist allerdings ziemlich schwer. Es braucht zwei oder drei Personen, um mich auf den Gehsteig zu hieven. Deshalb macht meine Frau Jane Witze über mein Gewicht.

An der Uni kann ich die Forschungen von Richard Feynman* und seinen Kollegen über die Physik der Elementarteilchen verfolgen. Ich lehre und lerne. Das Interesse an den Schwarzen Löchern ist auf einmal groß, auch dank der Eigenartigkeit, die im Sternbild Schwan gesehen wurde. Es handelt sich um ein unsichtbares, mächtiges kosmisches Objekt, das etwas Unglaubliches tut:
Es frisst einen Stern auf.

Als ich am Caltech bin, erhalte ich eine unerwartete Nachricht: Mir wird die Medaille Pius XI. verliehen, die höchste Ehrung des Vatikans für naturwissenschaftliche Verdienste. Ich werde nach Rom eingeladen, wo mir Papst Paul VI. die Medaille übergeben wird.

Ausgerechnet in diesen Tagen hatte ich im Fernsehen eine Dokumentation über Galileo Galilei gesehen, der damals vor dem Inquisitionsgericht seinen Thesen abschwören musste. Ich überlege mir kurz, ob ich die Auszeichnung ablehne, aber dann nehme ich sie doch an.

Es ist eine gute Gelegenheit, um Galileo Galilei zu rehabilitieren. Ihm wurde sein Ungehorsam nie verziehen. Mit meiner ganzen Familie fliege ich für ein paar Tage nach Rom.

Galileo Galileis Prozess ist eines der dunklen Kapitel in der Geschichte der Naturwissenschaften. Am 22. Juni 1633 wird er wegen Ketzerei verurteilt. Um sich die Folter und den Scheiterhaufen zu ersparen, sah er sich gezwungen, seinen Theorien abzuschwören. Darunter die, dass sich die Erde um die Sonne dreht und nicht umgekehrt.

Erst 1992, also nach 359 Jahren, werden die Mitglieder der Päpstlichen Akademie der Wissenschaften unter Vorsitz von Papst Johannes Paul II. zugeben, dass Galileo zu Unrecht angeklagt worden war. Das ist möglicherweise auch Stephens Verdienst, der 1985 zum Mitglied dieser Akademie ernannt wird. Falls Stephen darauf gewettet hätte, hätte er gewonnen. Und Stephen wettete gern ...

13. Eine kosmische Wette

Ich habe mit meinem Kollegen Kip Thorne gegen mich selbst gewettet. Er hatte mich damals ans Caltech geholt. Bei unserer Wette geht es darum, woher diese Röntgenstrahlen, Cygnus X-1 genannt, kommen. Inzwischen wissen wir mehr: von einem Stern, 6.040 Lichtjahre von der Erde entfernt. Es handelt sich um einen Riesenstern, umgeben von einer gewaltigen Gashülle, die allmählich von einem unsichtbaren Objekt aufgesaugt wird. Kip Thorne ist sich sicher: Das mysteriöse kosmische Objekt ist ein Schwarzes Loch, das erste, das wir Menschen jemals aufgespürt haben.

Ich wette dagegen, in der Hoffnung zu verlieren.
Der Wetteinsatz ist das Abonnement eines erotischen Männermagazins. Tja, solche Schelme gibt es unter den Kosmologen der 1970er-Jahre. Doch unsere Wette geht in die Geschichte ein!
Falls ich verliere, zahle ich gern.

Die Radioteleskope bestätigen es! Es handelt sich um ein Schwarzes Loch, 16 Mal so schwer wie unsere Sonne. Es zieht alles an und saugt die Schutzhülle des benachbarten blauen Überriesen auf, der Hunderte Male größer ist als es selbst. Dieses Schwarze Loch ist umgeben von einem Raum-Zeit-Bereich, in dem die Gesetze der Physik, wie wir sie kennen, noch gelten. Diese Zone nennt man „Ereignishorizont". Doch die Information darüber, was im Inneren passiert, ist unzugänglich und muss erst entdeckt werden.

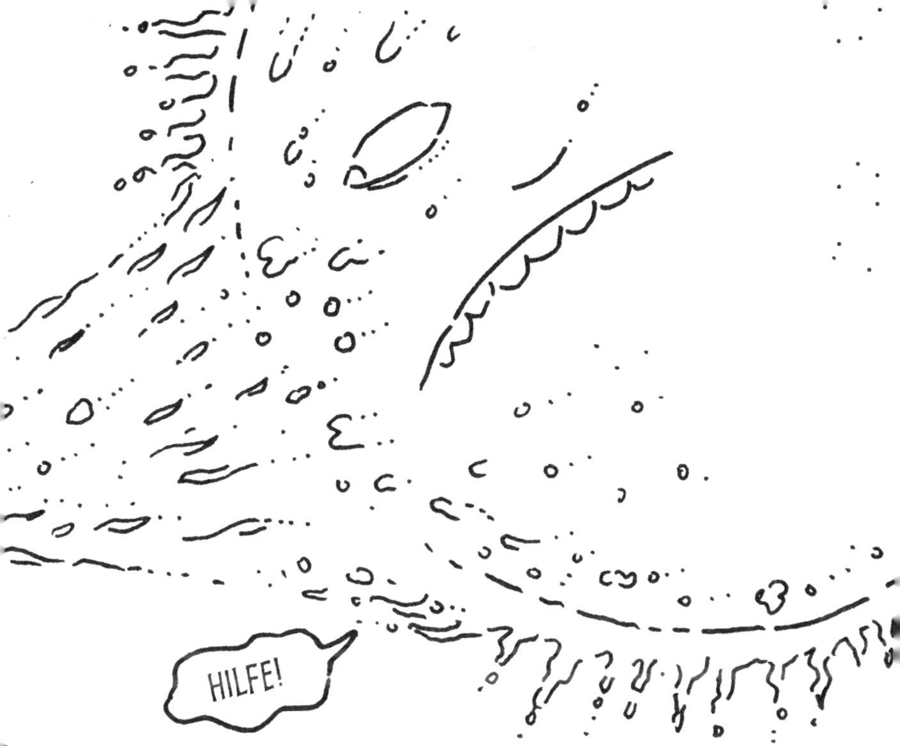

Das Schwarze Loch von Cygnus X-1 wird nach und nach den ganzen Stern verschlucken. Das ist ein apokalyptisches kosmisches Ereignis, aber wahrlich nichts Seltenes. Abermillionen von Sternen sterben, fallen in sich zusammen und werden zu Schwarzen Löchern.

Dann ziehen sie alles an, was in ihre Nähe kommt. Sie verschmelzen mit anderen Schwarzen Löchern und werden größer und größer. Wir können sie nicht sehen, aber aufgrund der Phänomene, die um sie herum geschehen, wissen wir, wo sie sich befinden.

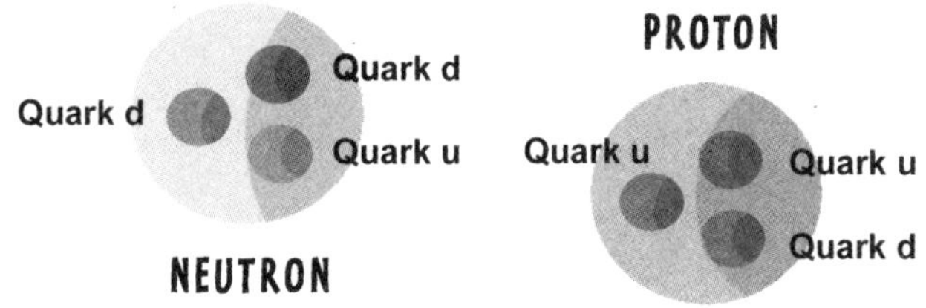

Während Stephen sich mit dem extrem Großen beschäftigt, gibt es in der Quantenmechanik*, die sich mit dem extrem Kleinen beschäftigt, äußerst aufregende Fortschritte.

Die Theorie, der zufolge Neutronen und Protonen jeweils aus drei Teilchen bestehen, (die sich nicht trennen lassen), wird bestätigt: Es sind die Quarks*.

Man entdeckt, dass Atome in weitere Elementarteilchen und in Energiebündel unterteilt werden können. Im Inneren eines Schwarzen Lochs würden wir eine extreme Verdichtung dieser Teilchen vorfinden.

Darüber hätte selbst Albert Einstein gestaunt!

14. Heimkehr

Don Page ist einer meiner Studenten, der am Caltech bei mir seine Doktorarbeit schreibt. Wir gehen beide davon aus, dass es auch sehr kleine Schwarze Löcher gibt, die in der ersten Phase nach dem Big Bang entstanden sind.

Sie wären winzig klein oder auch groß wie Atome, waschechte Schwarze Löcher im Kleinformat, die ganze Welten verschlucken können. Doch nun, nach Jahrmilliarden müssten sie am Ende ihrer Existenz angelangt sein. Don und ich berechnen, wie viele von ihnen unsere eigene Galaxis enthalten könnte: Es sind nicht wenige, aber keine Bange – es ist eher unwahrscheinlich, dass es in der Nähe eures Hauses eines gibt.

Übrigens kehre ich 1975 wieder nach England zurück. Die Jahre in Amerika sind vorbei.

Ich empfinde die Atmosphäre in Cambridge als etwas bedrückend. Am Caltech in den USA herrschte großer Optimismus, während mir hier alles so klein und feucht vorkommt. Um mir das Leben zu erleichtern, hat das College meiner Familie und mir das Erdgeschoss eines großen viktorianischen Hauses zur Verfügung gestellt. Im oberen Stockwerk sind Studenten untergebracht, was nicht ganz unproblematisch werden dürfte. Ich weiß, was auf uns zukommt. Ich war selbst mal ein übermütiger Student. Aber der große Garten gefällt meinen Kindern.

Meine Laune bessert sich, als mir die Universität Cambridge ein tolles Angebot macht: Ich soll den „Lucasischen Lehrstuhl"* übernehmen. Es handelt sich um den Lehrstuhl für Physik und Mathematik, den früher mal Isaac Newton innehatte! Doch noch mehr freuen sich Jane und ich über die Geburt unseres dritten Kindes Timothy!

Eine Ehrung folgt auf die nächste: 1982 ernennt mich Queen Elizabeth II. zum „Commander of the British Empire“ – die dritte Stufe des britischen Ritterordens. 1989 werde ich zum „Companion of Honour“ ernannt, eine Auszeichnung des britischen Königshauses für herausragende Leistungen unter anderem in den Naturwissenschaften. Doch ich lehne es ab, mit diesen Titeln angesprochen zu werden, denn es ist mir irgendwie peinlich.

Ich habe ganz andere Probleme. Das Reden fällt mir immer schwerer. Ich kann nur noch stammeln und bekomme immer wieder Erstickungsanfälle. Inzwischen muss ich rund um die Uhr betreut werden. Drei Krankenschwestern kümmern sich um mich, eine Sekretärin, ein Assistent ... Aber das würde nicht ausreichen ohne die Unterstützung meiner Frau Jane und meiner ganzen Familie.

1985, bei einem Besuch im Kernforschungszentrum CERN* in Genf, bekommt Stephen eine Lungenentzündung. Er wird ins Krankenhaus eingeliefert und an eine künstliche Lunge angeschlossen, von der nunmehr sein Überleben abhängt. Die Ärzte geben ihn auf und schlagen vor, den Stecker zu ziehen und ihn sterben zu lassen. Doch zum Glück reist seine Frau Jane an.

Jane lässt Stephen mit einem Spezialflieger in ein Krankenhaus in Cambridge fliegen, wo man ihn gut kennt. Die Ärzte beraten sich und beschließen, einen Luftröhrenschnitt durchzuführen, damit Stephen wieder Luft bekommt. Dieser Eingriff kostet allerdings einen hohen Preis: Stephens Stimmbänder werden zerstört und er kann definitiv nicht mehr sprechen. Doch wie Stephen sagt, gibt es immer eine Lösung.

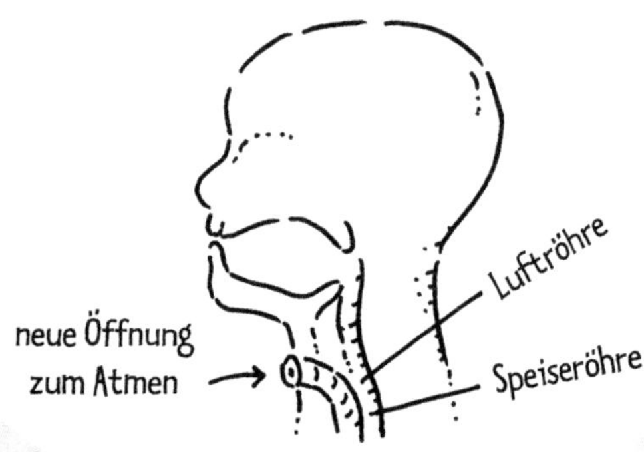

15. Es lebe die Informatik!

Zuvor konnte ich noch stammeln, aber nun, ohne Stimmbänder, kann ich gar nichts mehr sagen. Das allein wäre für jeden tragisch, doch für einen fast völlig gelähmten Professor, der lehren und Artikel schreiben möchte, ist es noch schlimmer.

Die ersten Versuche, dieses Problem zu lösen, verlaufen kläglich: Ich versuche, Wörter zu bilden, indem ich beim richtigen Buchstaben die Augenbrauen hebe. Es dauert Minuten, bis ein Wort fertig ist. Das ist kein Diktieren, sondern eine Tortur!

Irgendwann schlägt mir mein junger Kollege Walt, ein Computerexperte, eine Lösung vor, die mir ganz brauchbar erscheint.

Mit dem Programm und Walts Sprachcomputer kann ich dank eines Sensors an meiner Brille Wörter auswählen. Der Sensor reagiert auf die Bewegungen meiner Wange, an der ich noch einige wenige Muskeln kontrollieren kann.

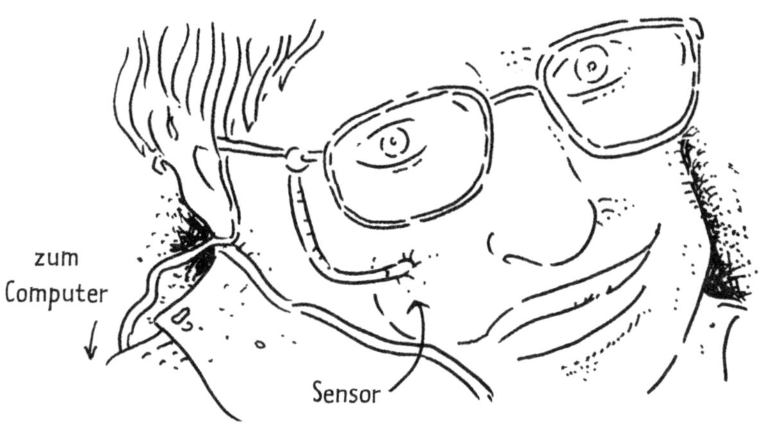

Schließlich installiert ein anderer junger Informatiker einen PC und einen Stimmensynthesizer an meinem Rollstuhl. So kann ich mit kaum wahrnehmbaren Gesichtsbewegungen Wörter und ganze Sätze schreiben, und ich besitze jetzt auch eine künstliche Stimme, die für mich spricht!

Meine Familie ist überglücklich! Jetzt kann ich wieder kommunizieren und sogar diskutieren, mit einer Frequenz von fünfzehn Wörtern pro Minute. Das ist wenig, okay, aber ich kann sie erneut aufrufen und ganze Sätze aufnehmen. Ich kann sie wiederholen, ausdrucken und zu komplexen Reden zusammenfassen. Ich werde echt gut darin. Zur allgemeinen Verwunderung kann ich sogar wieder Vorträge halten. Die Stimme ist deutlich, klingt fast natürlich, mit einem leichten amerikanischen Akzent.

Ich lasse sie sogar als geistiges Eigentum registrieren. Falls jemand sie in der Öffentlichkeit oder sonst wo benutzt, muss mich der Betreffende dafür bezahlen. Das gilt auch für den Werbespot, in dem ich für ein angesehenes englisches Automobilunternehmen auftrete.

1990 wird ein großes Weltraumteleskop in die Umlaufbahn der Erde geschossen. Es heißt Hubble, zu Ehren des Astronomen Edwin Hubble*. Die Aufzeichnungen des Hubble-Teleskops* bestätigen nicht nur, dass sich das Universum ausdehnt, sondern sie zeigen auch, dass sich diese Ausdehnung beschleunigt.
Für die Entdeckung dieses überraschenden Phänomens erhalten die Wissenschaftler Saul Perlmutter, Brian Schmidt und Adam Riess 2011 den Nobelpreis für Physik.

16. Ich schreibe einen Bestseller!

Der Computer, dank dem ich sprechen kann, hilft mir auch bei einem Unterfangen, das ich sonst vielleicht nie zu Ende geführt hätte. Seit Langem schon wollte ich ein allgemein verständliches Buch über meine Entdeckungen und die meiner Kollegen schreiben. Mit Fakten, die nur ein paar Fachleute kennen. Ich habe schon vor einigen Jahren damit begonnen. Mit dem Honorar wollte ich das Studium meiner Tochter finanzieren, aber auch darlegen, wie dicht die Menschheit an einer Theorie dran ist, die das unendlich Große und das unendlich Kleine umfasst.

Nun nimmt der Text auf meinem Computer Form an, Wort um Wort und Seite um Seite. Aber es ist wahrlich nicht leicht, nur mit den Muskeln der rechten Gesichtshälfte ein ganzes Buch zu schreiben!

Der Verlag korrigiert mein Manuskript mehrmals: Die Leute dort sind nie zufrieden. Mathematik liegt mir wohl mehr. Der Verleger hat mir verboten, Formeln reinzunehmen, die würden den Lesern nicht gefallen, sagt er. Also schreibe ich meinen Text immer wieder um. Manchmal würde ich am liebsten aufgeben.

Aber auf Einsteins berühmteste Formel kann ich nicht verzichten. Sie ist auch die am leichtesten verständliche. Sie beschreibt das Verhältnis zwischen Energie (E) und Materie (m = Masse). Jede Art von Materie kann zu Energie werden … und umgekehrt.

Das Schreiben hilft mir aber auch, gewisse Dinge, die mir durch den Kopf schwirren, zu sortieren. Ein Punkt ist die „Summe der Geschichten“: Ich glaube, dass das Universum nicht nur eine, sondern mehrere Geschichten hat.

Sehen können wir nur eine einzige. Oder vielmehr: nur einen Teil der Summe der Geschichten.

Ein anderer Punkt, den ich beleuchten möchte, ist die „eingebildete Zeit“, nämlich die Existenz einer anderen Zeit, die wie unsere verläuft, nur eben rechtwinklig dazu.

Als das Buch 1988 erscheint, sind alle baff. In den USA wird es sofort zum Bestseller – alle wollen *Eine kurze Geschichte der Zeit* lesen! 147 Wochen lang steht es auf der Liste der zehn meistverkauften Bücher. Es wird in Dutzende anderer Sprachen übersetzt und rasch mit zehn Millionen Exemplaren in der ganzen Welt verkauft.

Ich wollte ein Buch für alle schreiben, eines der Bücher, die an jeder Straßenecke verkauft werden. Und das ist mir gelungen!

In den darauffolgenden Jahren werden viele weitere Sternenfresser entdeckt, sprich: Schwarze Löcher, die Sterne in ihrer Nähe verschlucken.
Auch im Mittelpunkt unserer Galaxis wird ein gewaltiges Schwarzes Loch entdeckt. Im Zentrum jeder Galaxie gibt es eins, das von Milliarden von Sternen umkreist wird.
Irgendwann in ferner, ferner Zukunft werden alle Sterne von diesem kosmischen Monster verschluckt und das wird auch mit unserer Sonne passieren, samt der Planeten, die sie umkreisen.

17. In der Zeit vor und zurück

1990 ziehe ich mit einer meiner Pflegerinnen, Eilane, in eine gemeinsame Wohnung. Die Beziehung mit meiner Frau war schwierig geworden. Entgegen aller Prognosen bin ich noch ganz gut drauf, trotz meiner Krankheit und der massiven körperlichen Einschränkungen. Ich kremple mein Leben um und fange neu an.
Mein Freund Kip Thorne stellt die These auf, dass es dank der Wurmlöcher möglich sein müsste, in die Vergangenheit zu reisen. Auch ich habe darüber nachgedacht, während viele meiner Kolleginnen und Kollegen diese Vorstellung lächerlich finden. Sind die Schwarzen Löcher möglicherweise der Zugang zu Wurmlöchern, wie Thorne es sich vorstellt?

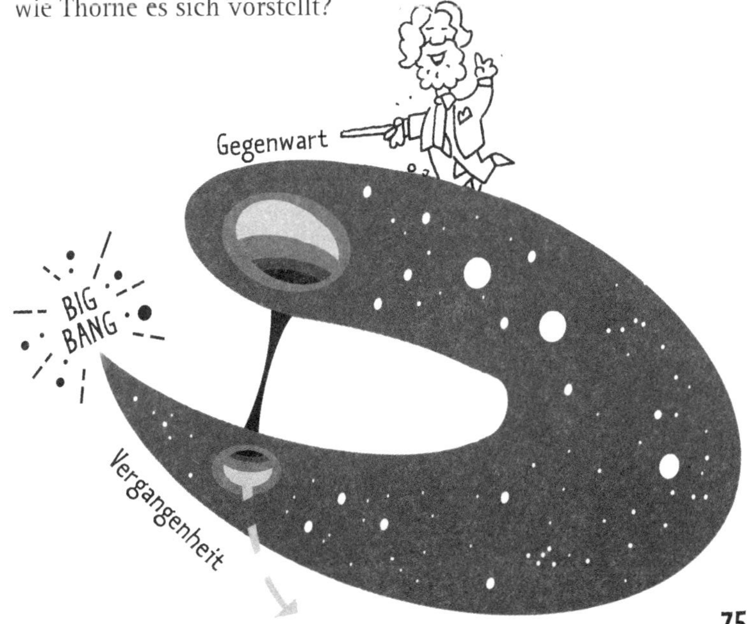

Ich glaube nicht, dass ein Raumschiff oder ein ähnliches Gefährt in der Zeit zurückreisen kann. Bis jetzt hat mich noch niemand aus der Zukunft besucht und keiner könnte unsere Vergangenheit rückwirkend verändern, schlichtweg weil es dann nicht mehr unsere Vergangenheit wäre. Ein Schwarzes Loch könnte aber eine Tür sein, die in ein anderes Universum führt, wo es sich als Weißes Loch darstellt.

Derweil verzichte ich auf nichts, was das Leben mir bietet. Ich reise zu Tagungen, trete im Fernsehen auf, darf 2007 sogar einen Parabelflug machen, um die Schwerelosigkeit am eigenen Leib zu erfahren – dank eines Unternehmens für Weltraumflüge. Sie haben mir sogar einen Platz in einem ihrer ersten außerirdischen Raumflüge reserviert.

1995 heirate ich Eilane, meine Lieblingspflegerin. Aber es ist schwierig, mit mir zu leben. Mein Lebensrhythmus wäre sogar für einen völlig gesunden Menschen anstrengend. Ich reise häufig durch die Welt, um Preise und Ehrungen entgegenzunehmen. Unter anderem setze ich mich auch für die Rechte Behinderter und gegen die Armut auf der Welt ein.

Die Atemkrisen werden häufiger. Mein Leben hängt nur noch an einem seidenen Faden. Schließlich muss ich erneut operiert werden und danach bin ich rund um die Uhr auf ein Beatmungsgerät angewiesen. Aber das hat auch eine positive Seite, wie ich finde. Die frische, sauerstoffreiche Luft gibt mir mehr Energie! Meine zweite Frau hat die Scheidung eingereicht, aber ich bin nicht einsam, weil ich jetzt wieder mehr Kontakt zu meiner alten Familie habe. Mit meiner ersten Frau und meinen Kindern verstehe ich mich blendend.

Seit Stephen sich mit den Schwarzen Löchern und der Theorie des Big Bang beschäftigte, versuchte er zu ergründen, was es mit dem Anfang und dem Ende unseres Universums auf sich hat. Er kam zu dem Ergebnis, dass unser Universum weder Anfang noch Ende hat, sondern dass unser Urknall nur einer von vielen ist und dass jeder von ihnen andere, verschiedene und parallele Universen entstehen lässt. Das findet noch heute und auch in Zukunft statt. Man spricht von der „Theorie des Multiversums".

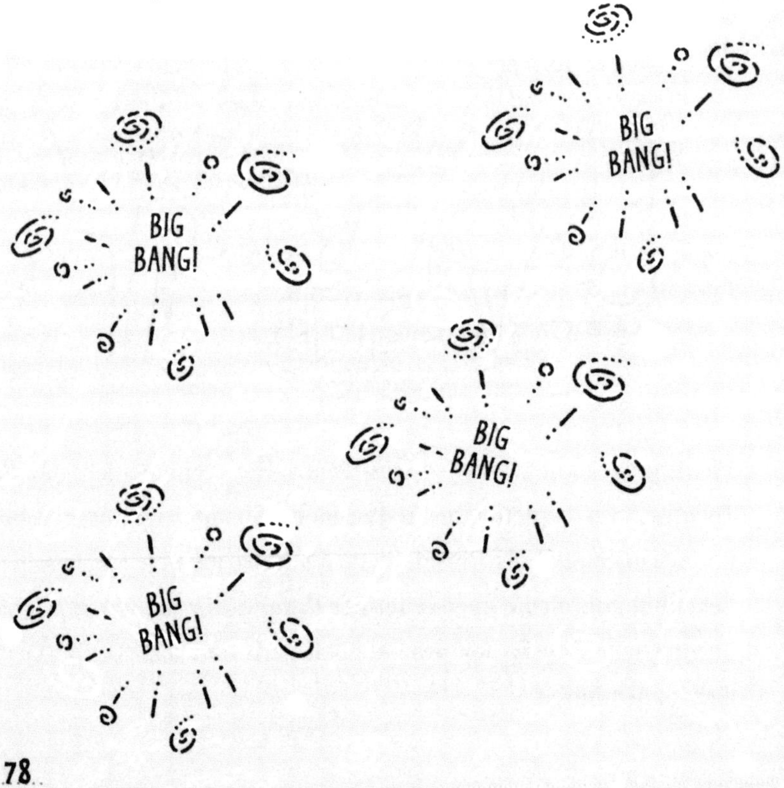

18. Ein Universum für alle

Ich werde langsam alt, habe 1.000 Komplikationen überlebt, doch nun kommen zu meiner Krankheit auch noch Altersbeschwerden hinzu. Selbst winzige Fingerbewegungen, dank derer ich in meinem Rollstuhl ein paar Kunststückchen machen konnte, sind passé. Aber meinen Humor und die Freude an neuen Gefühlen verliere ich nicht.

Im August 2009 werde ich ins Weiße Haus eingeladen, meine Tochter Lucy begleitet mich. Präsident Obama verleiht mir die Freiheitsmedaille des Präsidenten. Ich gebe meinen Lucasischen Lehrstuhl auf, bleibe aber Leiter der Fakultät für Mathematik und Theoretische Physik. Ich arbeite eben gern und habe keine Lust, damit aufzuhören.

2013 schlagen mir IT-Experten einen Hirnscanner vor, der die Impulse des Gehirns ‚lesen', in Wörter und später mal auch in mechanische Bewegungen umsetzen könnte. Damit wäre ich der erste kybernetische Mensch der Geschichte. Doch ich beschließe, dass ich ihr Programm erst im absoluten Notfall benutzen möchte.

2014 kommt der Film *Die Entdeckung der Unendlichkeit* in die Kinos, nach einem Buch meiner Ex-Frau Jane. Eddie Redmayne spielt mich und erhält dafür einen Oscar als bester Hauptdarsteller. Ich bin sehr ergriffen, als ich den Film sehe.

Ansonsten höre ich nicht auf nachzusinnen, im Kopf verschiedene Szenarien zu entwerfen und durchzuspielen. Ich arbeite auch mit an dem Dokumentarfilm *Die Erde verlassen: oder wie man einen Planeten kolonisiert*. Wer weiß, ob das nicht irgendwann notwendig ist, falls die Menschheit weiterhin unsere Erde verwüstet und die Ressourcen ausplündert.

Die Teilchenphysik macht derzeit wahnsinnige Fortschritte. Das Higgs-Boson wird eingefangen, das mysteriöse Teilchen, das der Materie Masse verleiht. Manche sprechen sogar vom „Gottesteilchen". Ich hielt es nicht für möglich, aber nach seiner Entdeckung bin ich der Erste, der seinen Irrtum einsieht, und ich unterstütze die Kandidatur meines Kollegen Peter Higgs für den Nobelpreis.

Viele meinen, diese Ehrung, die im Übrigen etliche meiner Kollegen und Arbeitsgefährten erhalten haben, stünde auch mir zu.

Die Strahlung, die ich mithilfe der Mathematik entdeckt habe und die meine Theorie über die Schwarzen Löcher bestätigen würde, ist allerdings noch nicht experimentell nachgewiesen worden. Aber ihr werdet sehen, es ist nur eine Frage der Zeit, bis sie entdeckt wird und jemand dann, auch für mich, den Nobelpreis erhält. Denn ich werde dann nicht mehr da sein.

Stephen hat unser Universum in den frühen Morgenstunden des 14. März 2018 verlassen, circa 13,7 Milliarden Jahre nach dem Big Bang und der Entstehung der Atome, aus denen wir alle bestehen. Die Krankheit, unter der er für den Großteil seines Lebens litt, hat ihn schließlich im Alter von 76 Jahren besiegt.

Seine Asche wurde in London in der Westminster Abbey, eine der meistbesuchten Kirchen der Welt, zwischen Isaac Newton und Charles Darwin beigesetzt.

In seiner Abschlussrede bei den Paralympischen Winterspielen, die 2018 in Pjöngjang stattfanden, hat Andrew Parsons, Präsident des Organisationskomitees, an Stephen erinnert. Als Junge liebte Stephen das Eislaufen, aber Meister wurde er dann in ganz anderen Disziplinen – und er war ein Vorbild für alle, nicht nur für Behinderte.

Im November desselben Jahres wurden bei Christie's, dem größten Auktionshaus der Welt, 22 Gegenstände von Stephen versteigert. Darunter auch seine Doktorarbeit von 1966 über den Ursprung des Universums und andere Originalschriften. Der Erlös kam in voller Höhe wohltätigen Organisationen zugute, die medizinische Forschungen betreiben.

Im Laufe von Stephens Leben wurde das Universum noch größer. Myriaden von Sternen sind explodiert, wieder andere wurden zu Schwarzen Löchern. Andere Universen sind entstanden, unendliche und parallele. Stephen hat uns das Multiversum hinterlassen, ein Universum ohne Anfang und ohne Ende, in dem aus dem Nichts alles entstehen kann. Wo alles in einem Schwarzen Loch enden und dann von Neuem beginnen kann, für immer und ewig.

Doch Stephen hat uns vor allem eine Aufforderung hinterlassen: nicht auf unsere Füße zu starren, sondern den Blick sehr viel häufiger auf die Sterne über uns zu richten.

Kosmisches Wörterbuch

ALICE

Alice im Wunderland lautet der Titel des berühmten Fantasy-Romans, der 1865 in London erschienen ist. Der Autor, Lewis Carroll (Pseudonym von Charles Lutwidge Dodgson), war Mathematiker und somit in gewisser Weise ein Kollege von Stephen.

ANTHROPISCHES PRINZIP

Prinzip, wonach die Menschheit eine privilegierte Stellung im Universum innehat (anthropisch = den Menschen betreffend), wobei wir von den vielen möglichen Universen nur jene studieren können, die mit unserer Existenz vereinbar sind.

ASTRONOMIE

Naturwissenschaft, die Himmelskörper beobachtet, benennt und klassifiziert. Die Astronomie ist so alt wie die Menschheit.

ASTROPHYSIK

Teilgebiet der Physik, das sich mit den physischen Eigenschaften (Temperatur, Dichte, atomare Zusammensetzung usw.) der Sterne, Galaxien und des sie umgebenden Universums beschäftigt.

ATOM

Wird meist noch beschrieben als ein Kern aus positiv geladenen Protonen und Neutronen, um den negativ geladene Elektronen kreisen. In Wirklichkeit sind die Protonen und Neutronen jedoch in noch kleinere Teilchen teilbar.

BIG BANG

So nennt man die gewaltige Explosion, durch die vor 13,7 Milliarden Jahren unser Universum mit allem, was es enthält, entstanden ist: Planeten, Galaxien und die Atome, aus denen wir bestehen. Ursprung war eine „Singularität“, nicht größer als eine Nussschale.

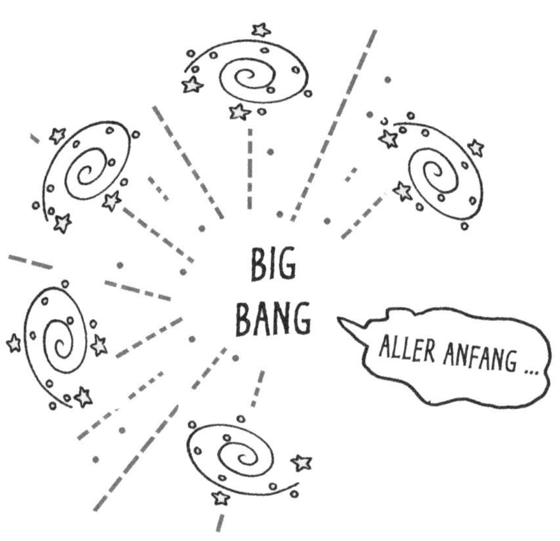

CALTECH

Das *California Institute of Technology* ist eine private Eliteuniversität in Pasadena, Kalifornien, die auf Natur- und Ingenieurwissenschaften spezialisiert ist. Unter ihren Dozenten und Ex-Studenten findet man Dutzende Nobelpreisträger und auch einige Astronauten.

CERN

Genf ist Sitz des weltweit größten Forschungszentrums auf dem Gebiet der Teilchenphysik. Hier gibt es den mächtigsten Teilchenbeschleuniger, in einem 27 km langen Tunnel, 100 m tief gelegen, durch den mit einer unglaublichen Geschwindigkeit Protonen geschossen werden. Beim Aufeinandertreffen spalten sich die Protonen in noch kleinere Komponenten.

2012 wurde im CERN das Higgs-Boson isoliert – das Teilchen, das der Materie Masse verleiht. Seinen Namen verdankt es dem theoretischen Physiker Peter Higgs.

DICHTE

Konzentration der Materie – physikalisch ausgedrückt: Quotient aus Masse eines Körpers und seines Volumens. Ein Riesenstern hat eine geringe Dichte, während in kleinen Neutronensternen und in Schwarzen Löchern eine unvorstellbar hohe Dichte herrscht. Hier kann ein Teelöffel die Materie eines ganzen Sonnensystems enthalten – und sogar noch sehr viel mehr.

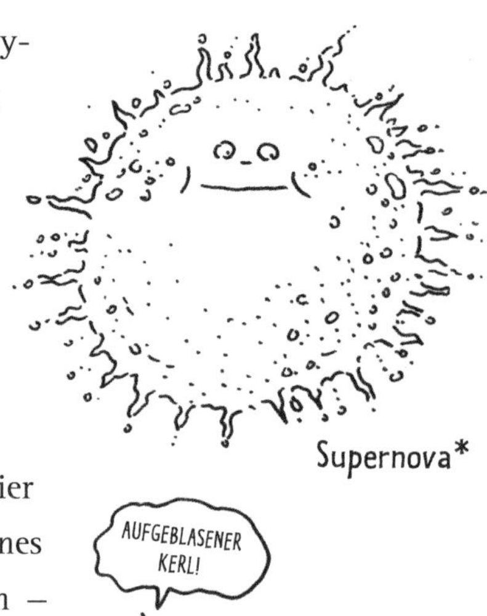

DOPPLER-EFFEKT

Diesen Effekt von Frequenzverschiebung kann jeder nachprüfen: Die Tonhöhe eines Zugs oder des Martinshorns eines Krankenwagens scheint heller bzw. höher zu werden, wenn diese sich uns nähern, und sie wird tiefer, wenn sie sich von uns entfernen.

DUNKLE MATERIE

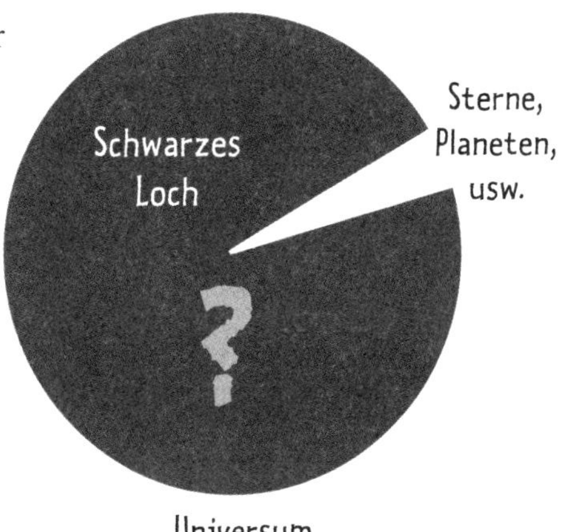

Stellt einen großen Teil der Masse des Universums dar, ist für unsere Augen und unsere Geräte jedoch unsichtbar. Kann nur indirekt mittels ihrer Gravitationsauswirkungen nachgewiesen werden. Im Gegensatz zu Schwarzen Löchern ist Dunkle Materie nicht konzentriert, sondern unterschiedlich im Weltraum verteilt.

EINSTEIN, ALBERT

(1879–1955) Geboren in Deutschland, in Ulm, gestorben in Princeton, USA. Seine Relativitätstheorie hat die Wahrnehmung von Raum und Zeit revolutioniert. Seine Formeln und seine mathematischen Modelle haben unsere Sicht des Universums verändert und sie waren der Ausgangspunkt von Stephen Hawkings Arbeiten.

ELEMENTARTEILCHEN

Sie sind die kleinsten Bestandteile des Universums. Einige von ihnen besitzen Masse (Protonen, Neutronen usw.), andere sind „Quanten"*, sprich: Träger von Energie und besonderen Eigenschaften (Photon, Neutrino, Higgs-Boson usw.).

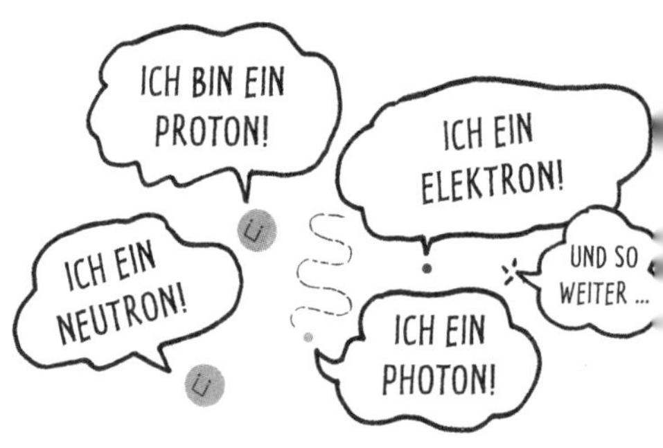

FEYNMAN, RICHARD

(1918–1988) US-amerikanischer Physiker und Autor, der viel zum Verständnis der Quantenfeldtheorien beigetragen hat. Er war Nobelpreisträger, Erzähler und begeisterter Bongospieler.

FREQUENZ

(dt.: Häufigkeit) Ist in Physik und Technik ein Maß dafür, wie schnell bei einem sich wiederholenden Vorgang die Wiederholungen aufeinanderfolgen. Wird in Hertz gemessen, also in der Anzahl der Ereignisse (oder Schwingungen) pro Sekunde.

GALAXIE

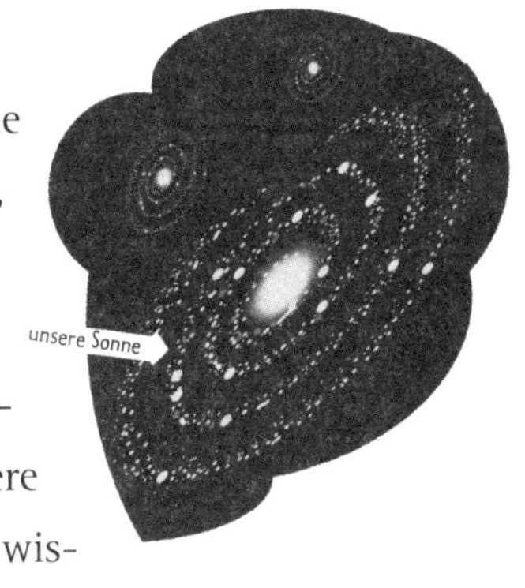

Eine durch Gravitation gebundene große Ansammlung von Sternen, Gasnebeln und Planetensystemen. Allein im für uns sichtbaren Universum gibt es mindestens 100 Milliarden Galaxien. Wie viele Sterne unsere Galaxis, die Milchstraße*, umfasst, wissen wir nicht. Astronomen schätzen ihre Zahl auf 250 bis 150 Milliarden Sterne. In ihrem Zentrum gibt es ein riesiges, supermassereiches Schwarzes Loch.

GALILEO GALILEI

(1564–1642) Er war der Erste, der mit einem Fernrohr den Himmel beobachtete und eine wissenschaftliche Methode zur Beobachtung der Sterne entwickelte.

GLEICHUNGEN

Sie sind wesentliche Instrumente der Mathematik, mit denen man jedwedes Phänomen darstellen kann, auch die Evolution des Universums. Die einfachste und zugleich faszinierendste Gleichung ist jene, die Albert Einstein in den Mittelpunkt seiner Relativitätstheorie (siehe: Relativität*) gestellt hat.

GRAVITATION

Auch: Gravitationskraft. Alle Körper ziehen sich aufgrund ihrer Massen gegenseitig an. Diese Kraft hält die Planeten auf ihrer Umlaufbahn um die Sonne und auch die Materie zusammen. Der Wissenschaftler Isaac Newton hat entdeckt, dass die Stärke der Gravitation von der Masse der zwei Körper und ihrem Abstand abhängt. Er hat dafür eine mathematische Gleichung gefunden.

GRAVITATIONSWELLEN

Störungen in der Raumzeit, entstanden durch die Kollision von Sternen und Schwarzen Löchern, durch Explosionen von Supernovae und neu entstehende Galaxien. Einstein ging in seiner Relativitätstheorie bereits von ihrer Existenz aus.

HUBBLE, EDWIN

(1889–1953) US-amerikanischer Astronom sowie Gründer und Direktor des Mount-Wilson-Observatoriums in der Nähe von Pasadena, Kalifornien. Hubble ist der Entdecker des galaktischen „red shift" (der Rotverschiebung*). Er hat als Erster nachgewiesen, dass viel von dem, was bis dahin für extragalaktische Nebel* gehalten wurde, in Wirklichkeit andere Galaxien waren.

HUBBLE-WELTRAUMTELESKOP

1990 von der NASA in die Erdumlaufbahn geschossen, benannt nach dem Astronomen Edwin Hubble. Da es nicht von der Erdatmosphäre gestört wird, hat es unglaubliche Entdeckungen ermöglicht.

KALTER KRIEG

In der Zeit von 1947 bis zum Fall der Berliner Mauer 1989 standen sich zwei Großmächte gegenüber: die USA und die Sowjetunion. Ständig bestand das Risiko einer Eskalation und somit eines Einsatzes von Atombomben.

KOPERNIKUS, NIKOLAUS

(1473–1543), Astronom. Er ist berühmt dafür, dass er die Erde aus dem Mittelpunkt des Universums genommen und durch die Sonne ersetzt hat. Wenn etwas wirklich Innovatives passiert, spricht man noch heute von einer „kopernikanischen Wende“.

KOSMISCHE INFLATION

Theorie, die besagt, dass das Universum seit dem Big Bang beständig in einer Phase einer beschleunigten Ausdehnung ist, wodurch sich die Galaxien voneinander entfernen und die Materie sich abkühlt.

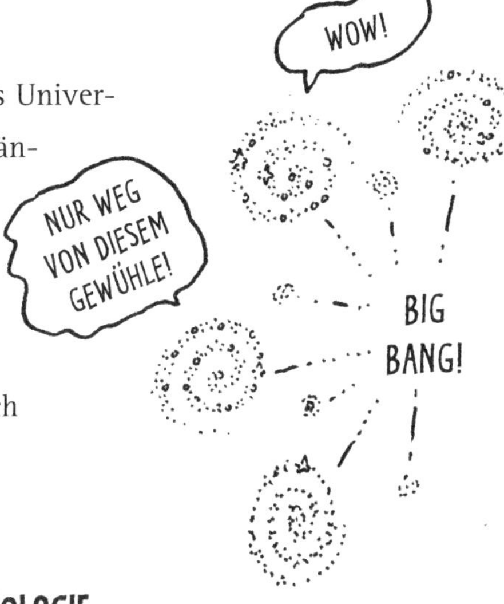

KOSMOLOGIE

Teilgebiet der Astronomie, das sich mit Ursprung, Entwicklung und Struktur des Universums beschäftigt. Das vollbringt sie mithilfe der Mathematik und den Instrumenten der Astrophysik und der Astronomie.

LUCASISCHER LEHRSTUHL

Benannt nach Henry Lucas (um 1610–1663), der der Universität Cambridge Landbesitz vererbte, um damit einen Lehrstuhl für Mathematik zu gründen. Isaac Newton war der bekannteste Lehrstuhlinhaber.

MASSE

Entspricht der „Menge an Materie“ eines Körpers. Die Masse eines Körpers ist immer gleich, während sein Gewicht von der Gravitationsbeschleunigung abhängt, der er ausgesetzt ist. In der Nähe eines Schwarzen Lochs wird es also extrem hoch sein, an einem Ort ohne Schwerkraft* null.

MATHEMATIK

Mit Mathematik werden Probleme jedweder Art dargestellt und mit Logik gelöst, von ganz alltäglichen Problemen bis hin zu Fragen der Evolution und zum Ursprung des Universums.

MILCHSTRASSE

Von der Erde aus sieht unsere Galaxis am Nachthimmel wie eine Milchstraße aus. Die Erde ist der dritte Planet eines Sonnensystems, gelegen am Rande einer von vielen (Milliarden) Schwestergalaxien, die im uns bekannten Universum verteilt sind.

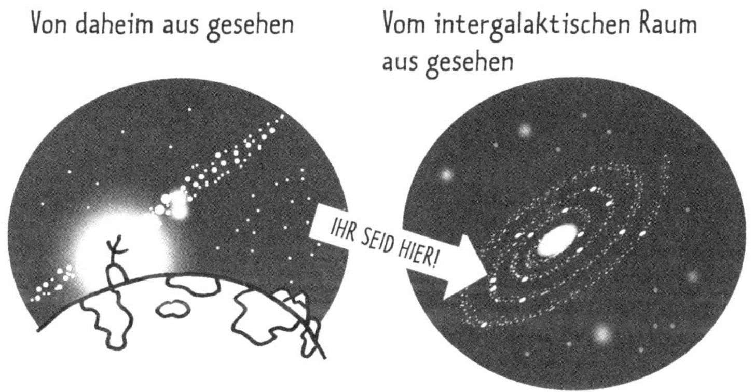

MULTIVERSUM

Hypothese der modernen Physik, wonach es andere und unendliche Universen außer dem unseren gibt, also Parallelwelten.

NEBEL, GALAKTISCHER

Anhäufung von Staub, Gas und Sternenplasma innerhalb einer Galaxie. Aus ihm werden neue Sterne geboren.

NEWTON, ISAAC

(1643–1727) Gilt als einer der größten Wissenschaftler aller Zeiten. Lehrte von 1669 bis 1701 Physik und Mathematik in Cambridge. Entdecker der Anziehungskraft zwischen allen Körpern, seien es nun Planeten, Sterne, Äpfel oder Schwarze Löcher.

PARALYMPISCHE SPIELE

Wettbewerbe für Sportler mit unterschiedlichen Behinderungen. Heutzutage sind sie aufgeteilt in Sommer- und Winterspiele. Stephen Hawking sprach 2012 in Stratford, London, bei der spektakulären Eröffnungszeremonie.

PHYSIK

Für die alten Griechen bedeutete sie „Suche nach dem Wesen der Dinge". Heute beschäftigt sich die Physik mit dem extrem Großen (Astrophysik) und dem extrem Kleinen (Nuklearphysik und Quantenmechanik).

PROMOVIEREN

Durch Promotion an einer Universität kann man einen Doktortitel erwerben, den höchsten akademischen Grad, mit dem man seine Fähigkeit zu selbstständigem wissenschaftlichem Arbeiten nachweisen muss. In den englischsprachigen Ländern spricht man von *PhD, Doctor of Philosophy*. Stephen Hawking hat 1966 in Cambridge promoviert, mit seiner ersten Arbeit über den Big Bang und Schwarze Löcher.

PULSARE

Wurden anfangs für außerirdische Funkwellen gehalten und LGM (Little Green Men) genannt. In Wirklichkeit sind es kleine und kompakte Sterne, die nur aus Neutronen bestehen. Sie drehen sich rasend schnell um sich selbst. Dabei geben sie in regelmäßigen Abständen elektromagnetische Strahlungen ab.

QUANTEN

Die kleinsten Bestandteile der Materie, die sich wie Teilchen verhalten, aber nur „Energiebündel“ sind. Das Photon, das Lichtteilchen, ist ein typisches Quantum.

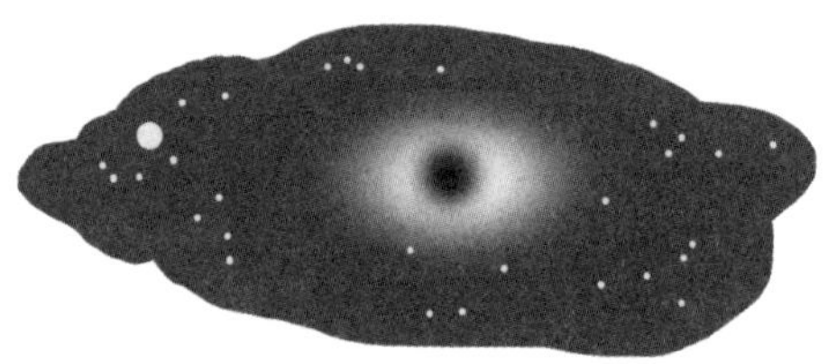

QUANTENMECHANIK

Teilgebiet der Physik, das sich mit dem Verhalten der Materie auf subatomarer Ebene beschäftigt, wo die kleinsten Teilchen nur noch „Quanten“ sind, also elektromagnetische Wellenbündel.

QUARKS

Grundbausteine der Atomkerne, also Elementarteilchen, die nie einzeln vorkommen, sondern immer in größeren Teilchen wie Neutronen und Protonen. Man vermutet, dass es ganze Sterne aus dieser „exotischen“ Materie gibt, also Quarksterne, dichter als Neutronensterne. Irgendwann werden auch sie zu Schwarzen Löchern werden.

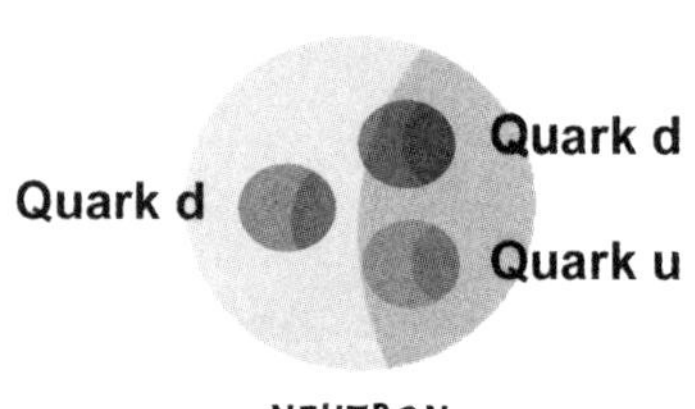

NEUTRON

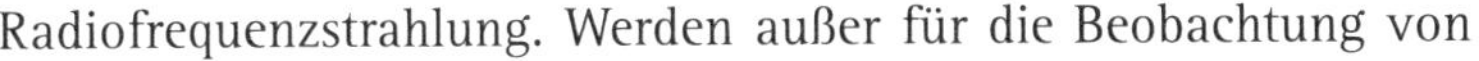

RADIOTELESKOPE

Instrumente zum Empfangen und Messen der aus dem Weltall kommenden Radiofrequenzstrahlung. Werden außer für die Beobachtung von Himmelskörpern auch benutzt, um Daten entfernter Raumsonden zu empfangen oder ihnen Befehle zu schicken.

RELATIVITÄT

Die Relativitätstheorie wurde von Albert Einstein entwickelt und sieht das Universum als vierdimensional: bestehend aus Höhe, Länge, Tiefe und Zeit. Er hält die Lichtgeschwindigkeit für konstant und führt die Gravitation auf die Krümmung von Raum und Zeit zurück.

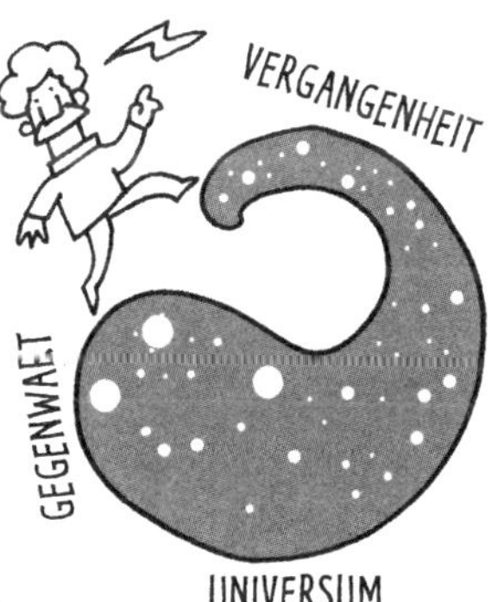

ROTVERSCHIEBUNG

(engl. red shift) Durch dieses Phänomen (Doppler-Effekt genannt) sehen wir sich entfernendes Licht als Rot. Die Frequenz (Schwingungszahl) nimmt ab, die Wellenlänge vergrößert sich.

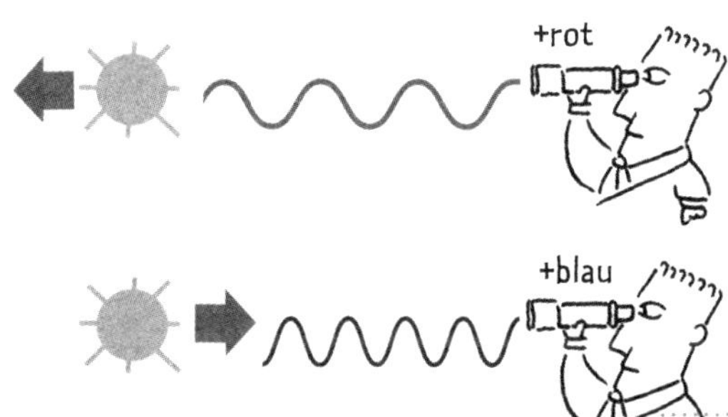

SCHWARZES LOCH

Ein Ort im Weltall, dem wegen der immens hohen Gravitationskraft nichts entkommt, nicht mal das Licht. Jedes Schwarze Loch enthält eine „Singularität“, wo die Gesetze der Physik, wie wir sie kennen, nicht gelten. Dort ist die Materie unvorstellbar dicht und Zeit gibt es nicht.

SCHWERKRAFT

Die Kraft, die uns auf der Erde hält und ohne die wir ins Weltall hinausfliegen würden. Auf dem Mond ist sie nur ein Sechstel so groß wie auf der Erde. In der Nähe eines Schwarzen Lochs ist sie so gewaltig, dass sie alles anzieht und konzentriert, was sich in ihrer Umgebung aufhält. Nicht einmal das Licht entkommt ihr. Wie kann man sie messen? Auf der Erde brauchen wir dafür nur eine Waage. An einem Schwarzen Loch würdet ihr sofort zu einer Spaghettinudel werden und zusammen mit der Waage zerquetscht und eingesaugt.

SINGULARITÄT

Orte, an denen die Gesetze der uns bekannten Physik keine Gültigkeit haben, an denen Gravitation und Dichte gegen unendlich tendieren und es keine Zeit gibt.

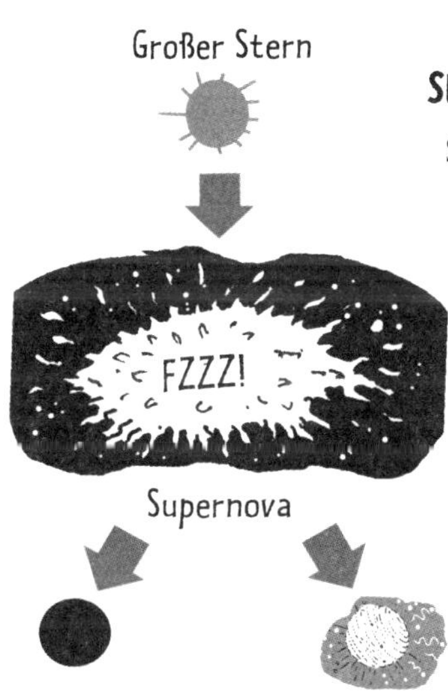

SUPERNOVA

Sterne haben eine Lebensdauer von Milliarden von Jahren. Wenn ihr atomarer Brennstoff zu Ende geht, explodieren die größten und bilden etwas, das „neue" Supersterne zu sein scheinen. Ganz langsam kollabiert die übrig gebliebene Materie dann in den Mittelpunkt und bildet schließlich einen Neutronenstern oder ein Schwarzes Loch.

TRÄGHEIT

Tendenz eines Körpers, in seinem Zustand der Ruhe oder Bewegung zu bleiben. Sie wird als Masse gemessen.

UNIVERSUM

Alles, was existiert: Sterne, Planeten, Galaxien, intergalaktische Räume und die Atome, aus denen wir bestehen. Synonym für Weltall und Kosmos.

V2

Raketentyp, mit dem London im Zweiten Weltkrieg bombardiert wurde. Sie wurden von Wernher von Braun entworfen und sind die Vorgänger der Flugkörper, mit denen wir den Weltraum erkunden.

WELLEN

Störungen, die sich im Raum fortbewegen, ohne Materie zu transportieren, wie zum Beispiel Schallwellen, Meereswellen, Erdbebenwellen, das Licht, Röntgenstrahlen und andere elektromagnetische Wellen.

ZEIT

Wir Menschen berechnen die Zeit als Bruchteil oder Vielfaches eines Tages, also einer Umdrehung der Erde um sich selbst.

In der Physik hängt die Zeit von der Geschwindigkeit ab, die jemand oder etwas hat und dem jeweiligen Ort im Weltall, an dem man oder etwas sich befindet.

ZEITREISEN

In die Zukunft zu reisen, ist schwierig, aber nicht unmöglich. Das behauptet jedenfalls die Relativitätstheorie: Die Zeit kann sich an singulären Orten wie den Schwarzen Löchern verlangsamen und sogar anhalten. In die Vergangenheit zu reisen, scheint allerdings unmöglich zu sein.

Inhalt

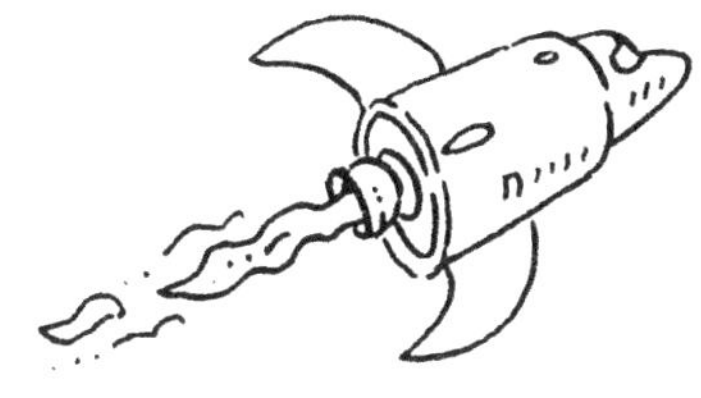

Die Stephen-Hawking-Stiftung

Die Stiftung wurde 2015 von Stephen Hawking gegründet. Sie fördert das Interesse von Kindern an Naturwissenschaften.
Ziel ist es, Kindern mit viel Begeisterung die Erkenntnisse der Wissenschaft nahezubringen und ihnen zu zeigen, was diese mit ihrem Alltag und ihren Erfahrungen zu tun haben – ohne dabei auf wissenschaftliche Korrektheit zu verzichten. Dadurch werden die Naturwissenschaften für jeden der jungen Leser zu etwas Lebendigem, Einmaligem und Sinnvollem. Die Stiftung fördert auch die Vermittlung von Kosmologie, Astrophysik und Physik der Elementarteilchen auf schulischer wie auf universitärer Ebene sowie Forschungen zu Erkrankungen von Motoneuronen und den daran Erkrankten.

LUCA NOVELLI

hat Agronomie studiert, ist Illustrator und Journalist und hat sich schon immer für Ökologie und das Schreiben interessiert. Heute arbeitet er als Buch- und Drehbuchautor. Er lebt in Mailand und am Lago Maggiore, doch wann immer er kann, geht er auf Reisen. Und wenn er zurückkehrt, schreibt er einen neuen Titel für die Reihe LEBENDIGE BIOGRAPHIEN, die bisher in über 20 Sprachen übersetzt wurde, darunter Japanisch, Chinesisch und Arabisch.

Beim Arena Verlag sind außerdem von ihm lieferbar (Auswahl):

◊ Einstein und die Zeitmaschinen
◊ Marie Curie und das Rätsel der Atome
◊ Newton und der Apfel der Erkenntnis
◊ Galilei und der erste Krieg der Sterne
◊ Leonardo da Vinci, der Zeichner der Zukunft
◊ und weitere Bände

ARENA BIBLIOTHEK DES WISSENS

Lebendige Biographien

978-3-401-05587-9

978-3-401-05741-5

978-3-401-05743-9

978-3-401-05744-6

978-3-401-05940-2

978-3-401-05979-2

Jeder Band:
Klappenbroschur
www.arena-verlag.de